中国名村志文化工程
Culture Project of Local Records of China's Famous Villages
中 国 名 村 志 丛 书

长城村志

LOCAL RECORDS OF CHANGCHENG

宁夏回族自治区彭阳县城阳乡长城村志编纂委员会　编

方志出版社
Publishing House of Local Records

图书在版编目（CIP）数据

长城村志 / 宁夏回族自治区彭阳县城阳乡长城村志编纂委员会编．— 北京：方志出版社，2022.9

（中国名村志丛书）

ISBN 978-7-5144-4978-5

Ⅰ．①长…　Ⅱ．①宁…　Ⅲ．①村史—彭阳县　Ⅳ．① K294.35

中国版本图书馆 CIP 数据核字（2022）第 057067 号

责任编辑：丛珺
责任校对：刘玉霞
责任印制：赵楚
出 版 者：方志出版社
地　　址：北京市朝阳区潘家园东里 9 号（国家方志馆 4 层）
邮　　编：100021
网　　址：http://www.zgfzcb.cn
发　　行：方志出版社图书营销中心（010-67110500）
印　　刷：北京中科印刷有限公司
开　　本：787 毫米 ×1092 毫米　1/16
印　　张：16.25
字　　数：303 千字
版　　次：2022 年 9 月第 1 版
印　　次：2022 年 9 月第 1 次印刷
定　　价：129.00 元

◉ 序一

中共十九大报告明确提出：“坚定文化自信，推动社会主义文化繁荣兴盛。”“没有高度的文化自信，没有文化的繁荣兴盛，就没有中华民族伟大复兴。要坚持中国特色社会主义文化发展道路，激发全民族文化创新创造活力，建设社会主义文化强国。”编修地方志是中华民族千百年来的固有传统，留下了浩如烟海的历史文献，承担着传承中华文明、发掘历史智慧的重任，发挥着存史、育人、资政的作用。

在习近平新时代中国特色社会主义思想指引下，在增强文化自信、推动传统文化创造性转化、创新性发展背景下，全国地方志事业迎来了开拓创新与转型升级的重要机遇期。中国地方志指导小组及其办公室组织实施的中国名村志文化工程，用中国独有的文化载体——地方志，来记录乡村的“名”和“特”，记录乡村全面建成小康社会的进程和取得的成就，是地方志围绕以人民为中心开拓创新的具体举措，是传承乡土文化、坚定文化自信、加快建设社会主义文化强国的内在要求，是服务乡村振兴战略、加快全面建成小康社会、推进社会主义现代化建设、实现中华民族伟大复兴中国梦的应有之义。

实施中国名村志文化工程，是方志人贯彻落实习近平总书记“农村要留得住绿水青山，系得住乡愁”重要讲话精神的重要举措。“望得见山、看得见水、记得住乡愁……”习近平总书记用诗意的语言为中国的新农村建设指明了方向。开展新农村建设、美丽乡村建设，一定要把绿水青山保留下来，尽可能在原有村庄形态上改善农民生活条件，不盲目拆旧，也不盲目造新，让家乡的每一条河、每一棵树、每一口井，都能永远成为我们的乡愁。这是我们弘扬传统、面向未来的底气所在。那么，如何留住乡音、乡风、乡思，继承传统文化菁华，挖掘历史智慧，成为极其重要的工作。实施中国名村志文化工程，保护抢救、传承保存、开发利用宝贵的村落文化，重新唤起人们记忆中古老村落的青山绿水、小河大树、轶事掌故，打造完整记录乡村发展嬗变和现代化农村经济社会运行模式的系列中国名村志丛书，让乡土文化回归并为困惑的当代人提供精神家园，让农耕文化的优秀菁华成为建构农村文明的底色，无疑具有重要的现实意义和深远的历史意义。

实施中国名村志文化工程，是方志人贯彻落实党中央乡村振兴战略的鲜活实践。中共十八大以来，以习近平同志为核心的党中央高度重视农业、农村、农民工作，提出了许多新理念、新思想、新战略，特别是中共十九大报告作出实施乡村振兴战略的重大部署。2018 年 9 月 26 日，中共中央、国务院印发《乡村振兴战略规划（2018—2022 年）》，明确提出“鼓励乡村史志修编”。深入推进中国名村志文化工程，有利于全面翔实记录乡村振兴进程，客观记载地理环境、历史沿革、姓氏源流、人口、民族、方言、民居、宗祠、风俗习惯、家谱族谱、家规族规、宗教信仰、文物遗址、掌故传说、历史事件、人物等，完整保留乡土文化的原貌。所有这些工作，可以为延伸地方志工作触角，充分发挥志书存史、育人、资政功能提供借鉴；可以为社会各界和华人华侨、港澳台同胞寻根问祖、反哺桑梓、泽被乡里提供帮助。依托中国名村志文化工程的重要平台与载体，乡村振兴战略下的现代乡村将进一步挖掘自身独特内涵，彰显其新时代的作用及意义。

中国名村志文化工程从新时代中国特色社会主义的新需求出发，创新体例，立足实际，内容既严谨又通俗，展示了不同地区自然和社会风貌，在坚持志体基础上运用专题报告、回忆录、人物访谈、新闻资料等多种手法，重点介绍农村地区在转型发展方面的探索、示范、引领意义，对于不断提高地方志事业围绕中心服务大局的能力，为乡村改革发展贡献历史智慧，讲好中国故事，彰显中国软实力，增强“四个自信”等方面具有积极意义。

两年来，在借鉴中国名镇志丛书及各地乡镇（村）志宝贵编纂经验的基础上，中国名村志丛书编修不断取得丰硕成果，产生了良好的社会效益，新一批中国名村志的申报数量、覆盖范围延续强劲增长态势，充分体现出强大的内生动力。下一步，要总结经验、把握规律，为服务国家城镇化建设和乡村振兴战略打造更多优秀文明成果，推动中华优秀传统文化创造性转化和创新性发展，从中提炼出适合新时代、新形势、新变化、新要求的文化精髓，展现中国方志的当代价值和世界意义。

是为序。

中国社会科学院原院长
中国地方志指导小组原组长　谢伏瞻

◉序二

连绵不断地编修地方志是中国独有的优秀文化传统，承担着赓续文明、传承文化的重任。保存至今的8000余种、10万余卷历代方志，蕴含着传统文化基因和海量文化信息，既是中华优秀传统文化的重要组成部分，又是传承、彰显中华优秀传统文化的重要载体。

在各种类型的地方志编纂中，村志编纂古已有之，但从未进入国家层面的地方志编纂序列。新中国成立以来，党中央、国务院高度重视包括村志编纂在内的地方志工作，出台了重要文件。中央领导发表了重要讲话、作出了重要批示。习近平总书记高度重视包括村志编纂在内的地方志工作。2004年10月，他在担任浙江省委书记时到江山市凤林镇白沙村考察，看到村民编纂的《白沙村志》，鼓励村民把村志继续编纂下去。2014年4月，副总理刘延东在与第五次全国地方志工作会议部分会议代表座谈时指出："要结合发展的新形势，加强对地方志包括部门志、行业志、专题志、乡镇村志编纂的业务指导和服务。"2015年8月，国务院办公厅印发的《全国地方志事业发展规划纲要(2015—2020年)》，正式将中国名村志文化工程列为主要任务之一。2017年5月，中共中央办公厅、国务院办公厅印发的《国家"十三五"时期文化发展改革规划纲要》指出："完成省、市、县三级地方志书出版工作。开展旧志整理和部分有条件的镇志、村志编纂。"可以说，村志编纂迎来了历史上的最好时期。

农业、农村、农民"三农"问题，是数千年来影响中国社会发展最核心的问题。中共中央高度重视"三农"工作，从2004年起，连续13年，每年的中央1号文件都聚焦"三农"。中共十九大报告更是提出"农业农村农民问题是关系国计民生的根本性问题，必须始终把解决好'三农'问题作为全党工作重中之重"，特别是提出了"乡村振兴战略"，这是中国共产党在中国特色社会主义进入新时代后，对农村发展问题所做出的准确把握和与时俱进的战略应对，是建设中国特色社会主义强国战略的重要组成部分。改革开放近40年来，在党中央、国务院高度重视社会主义新农村建设的新形势下，各地涌现出一大批历史文化名村、经济强村、新农村建设示范（试点）村、美丽乡村和特色村，成为先进生产力和先进文化的代表。客观记录中国农村全面建成小康社会的进程，向后人展示在中国共产党领导下农村千年未有的巨变，是地方志工作者肩负的光荣而重大的历史使命。编纂中国名村志丛书，是记载当代中国农村发展变革的重要途径。

文化寻根，寻的是其发展的源头和根基。村落是中国传统文化的根基所在。农村的生产生活方式、社会规范、宗族文化、宗教文化、民风习俗、传统节日、民间艺术等，无不镌刻着中国人独特的民族性格，这就是家国情怀、文脉绵延、精神归属。在快速城镇化进程的冲击和开发性破坏下，大量传统村落面临消亡的危机，村落蕴含的历史文化信息也流失殆尽，抢救性保护刻不容缓。编纂中国名村志丛书，是保存村落历史文化信息，抢救、保护村落文化最好的方式。

一方水土养一方人。家乡的山水草木、村间小巷、乡俗民情会在每个人心头留下深刻的烙印，这就是故土情结。而村落的形成与发展离不开人的活动。编纂中国名村志丛书，通过记述村落建筑、名门望族来追溯村落的历史；通过记述村落规模、布局、人口、物产等反映人口来源、宗族兴衰、生活习惯、文化背景、宗教信仰、经济发展等，体现环境与人相互影响、相互作用、相互发展的既矛盾又统一的关系；通过记述戏剧、音乐、舞蹈、美术、文学、手工技艺等文化形式，展示百姓在长期的生产生活实践中摸索和总结出的智慧结晶，强化人们沟通感情的纽带。编纂中国名村志丛书，是传承乡俗、诉说乡音、记住乡愁、纾解乡思，激活历史传统、唤起共同文化记忆、塑造共同心灵认同的重要文化工程。

中国名村志文化工程以践行文化自信、传承中华文脉、彰显时代发展为己任，以打造全国地方志系统的重要品牌为目标，在体裁运用、篇目设置、资料选择等方面进行大量的创新，突出“名”和“特”，拣选各个名村中最值得记述、最具有代表性的人、事、物，予以浓墨重彩的描画，从而形成系列的、高质量的、可读性强、雅俗共赏的地方志读本，让地方志紧接地气、贴近百姓，让地方志成果进入寻常百姓家，让人民群众共享地方志成果，让越来越多的人从地方志中感知传统、历史和记忆，成为传统村落和传统文化的守护者，成为中华优秀文化的传承者。

是为序。

中国社会科学院原院长
中国地方志指导小组原组长 王伟光

◉序三

习近平总书记指出：“让居民望得见山、看得见水、记得住乡愁。”这句富有诗意的重要论述不仅唤醒了中国人城镇化建设过程中对于人和自然关系、人和历史关系的思考，同时也引发了学界对“乡愁”进一步进行文化意义解读的兴趣。从本质上看，乡愁是一种源自主体体验的情感，隐含了一种人们带着乡愁追寻自我生存与生命意义、追寻诗意栖居的精神家园的美学思辨。同时，这种追寻自我生存的主体逐渐转向大众群体，乡愁也由传统单一的“文化乡愁”“爱国情怀”演变为对于“理想家园”的精神追求。

中国有近60万个村庄，约有5000个古村落，被住房和城乡建设部、国家文物局界定的传统村落就有1561个。随着中国城镇化步伐的加快，乡村的版图日渐凋敝，大批农村青壮年劳动力走进城镇，融入了新的生活。然而，每逢传统佳节，那种挥之不去的离愁别绪挟裹着亿万农民工，又融入了返乡的滚滚洪流。这是乡愁的情愫牵动着他们，是故乡的山、故乡的水、故乡的老屋、故乡的小吃在牵动着他们，是故乡家家户户的楹联和口口相传的故事，以及只有在隆重的传统佳节才有的古老的民风习俗在牵动着他们。

文化可以体现一个民族、一个国家、一个社会的重量与体温，这是文化的力量之所在，而村落是传统中国的根脉所系，乡土社会是最能够体现中国传统文化特征的地方。梁漱溟曾指出：“中国文化是以乡村为本，以乡村为重，所以中国文化的根就是乡村。”我曾在《建设社会主义新农村的理论与实践》一书中指出，在新农村建设的过程中，必须“保护和发展有地方和民族特色的优秀传统文化，创新农村文化生活的载体和手段，满足农民群众多层次、多方面的精神文化需求”，而编纂村志尤其是实施中国名村志文化工程就是一个重要举措。实施中国名村志文化工程，编纂中国名村志丛书，以最基层的村落为研究对象，寻根传统村落的历史，梳理村落的发展脉络，以唤起人们的归属感和认同感，探索新型城镇化和社会主义新农村建设过程中，如何留住乡音、乡风、乡思，继承传统文化精华，挖掘丰富历史智慧，是贯彻落实中央城镇化工作会议精神和中共十九大提出的“乡村振兴战略”的重要举措，是当前和今后一个时期全国地方志工作者的重要工作。

虽然村落文化正在日益远离当下生活，但我们可以抓住诸如基本村情、文物胜迹、古村保护、特色文化、旅游名胜、村域经济、风土民情、村民生活、新农村建设、艺文杂记、名人与名村等关键内容，通过志书的手法来诠释乡村文化的精华。我们如实记录着村落里的人和事，以及青山绿水、小河大树、袅袅炊烟，力争以最完整、最原真的方式呈现村落的前世今生。我们要为“迷失”的人留住乡村文化的根脉，让人们难以割舍的乡愁得以慰藉和释放。

中国名村志文化工程将触角伸向那些极具代表性的村落，它们有的历史悠久、名人辈出，有的经济腾飞、重获新生，有的风景秀丽、景观独特，有的地处边陲、神秘莫测……我们挖掘中国不同类型村落的发展之路，为探索新型城镇化和社会主义新农村建设的发展经验、发展模式、前进道路提供历史智慧和现实借鉴。因此，打造以重在表现乡村嬗变为主旨的中国名村志丛书十分必要和迫切，这是一项功在当代、利在千秋的文化工程。

近年来，随着中国经济社会的发展和国际地位的提高，越来越多的人想要认识中国、了解中国、研究中国。在这样的形势下，乡村是不可或缺的一环，我们要集中讲好发生在乡村的故事，向世界呈现一个多元的、立体的中国。乡村历经岁月变迁的风雨，见证着改革开放的步伐，寄托着数代中国人的情感。发生在乡村的故事无疑是血肉丰满的、震撼人心的、引起共鸣的。我们应该有这个自信能够讲好乡村故事，讲好中国故事，描绘出中国的底色，“让每一个中国人都能在地方志中找到自己的位置”。

可喜的是，越来越多的有识之士认识到了这一点，加入到保护、传承、发展村落文化的队伍中来。仅就编纂中国名村志丛书来看，第一批的申报范围就涵盖包括香港特别行政区在内的32个地区，申报数量高达70余部。“直笔著信史，彰善引风气，为当代提供资政辅治之参考，为后世留下堪存堪鉴之记述”，这是我们的初心和使命。希望中国名村志文化工程的实施，能够带动更多的人关注中国乡村文化，为社会主义文化强国建设作出更大的贡献。也希望越来越多的名村都来融入继承中华文化传统、颂扬中华传统文化的活动中，让正能量更多地润泽温暖人们的心灵，让更多的人“记得住乡愁”！

是为序。

中国社会科学院原副院长
中国地方志指导小组原常务副组长 李培林

◉ 中国名村志丛书编纂委员会

◉ 中国名村志丛书编纂委员会办公室

宁夏回族自治区彭阳县城阳乡长城村志编纂委员会

顾　　问　赵晓东　张　佐　杨志杰

主　　任　刘启冬

副 主 任　张利军　王　儒　赫丽娟　李廷枢

委　　员　王宏东　安继堂　张建荣　王志会　刘世锋

雅玉贵　安振杰　李佐江　赵银汉　贺永顺

姚世平　米彦多　张　娟　王　兴　刘胜利

韩星明　杨占辉　李夏生　曹建刚　曹永昨

王永贤　王建军　吴　毅　王继讲　杨昌基

张小平　白云鹏　袁继安　韩治军　马　福

张晓东　孙智慧　韩志琦　杨世福　陈宗惠

王汉英　王志成　祁悦章　冯　军　杨正虎

张和凯

史志顾问　杨　忠

◉ 宁夏回族自治区彭阳县城阳乡长城村志编纂组

总　　审	贠有强
执行总审	王晓华
初　　审	张万静　张明鹏　吴晓红　霍丽娜　王玉琴
	郭勤华　张　哲　杨　云　贾虎林　马　静
主　　编	祁悦章
副 主 编	张　翔　杨平梅
执行主编	李　静
编　　辑	杨树林　李　娟　张智慧　朱文渊
资料提供	祁　宏　瓮国强　白会仓　乔建设　杨立春
统　　稿	杨彦彬
文字校正	牛德生

梯田人家（2019 年）　　李有璋　摄

◉ 中国名村志丛书凡例

一、以马克思列宁主义、毛泽东思想、邓小平理论、“三个代表”重要思想、科学发展观、习近平新时代中国特色社会主义思想为指导，坚持辩证唯物主义和历史唯物主义的立场、观点和方法，存真求实，全面、客观、系统记述中国名村村落发展变化进程和改革开放成果，反映小康社会建设过程，传承和抢救乡土历史文化，激发爱国爱乡情怀，留住乡愁，为服务乡村振兴战略提供历史智慧和现实借鉴。

二、为全面反映入志事物发展脉络，各志上限尽量追溯至事物发端，下限一般断至各志启动编修年份，个别重大事项可延至搁笔。详今明古，着重反映时代特色和地方特点，重点体现各村的“名”与“特”。

三、记述地域范围以下限年份的行政辖区为主。为体现名村在更大区域内的意义，可以从更开阔的区域视野记述与该村相关的内容。

四、统一采用纲目体，设类目、分目、条目三个层次。横排门类，纵述史实，述而不论。

五、综合运用述、记、志、传、图、表、录等体裁，以志体为主。体裁运用适当创新，篇目设置不求面面俱到。

六、除引用文字和附录文献资料外，统一使用规范的现代语体文记述，文字朴实、严谨、简洁、流畅、优美，可读性强。

七、人物部类遵循“生不立传”原则，人物传主按生年排序，只选录对本村发展有重大影响的人物，不面面俱到。

八、各项数据一般采用国家统计部门数据。数据缺乏的，采用主管部门或主办单位正式提供的数据。

九、数字用法、标点符号用法分别采用国家标准《出版物上数字用法》（GB / T 15835—2011）、《标点符号用法》（GB / T 15834—2011），计量单位采用国家技术监督局1993年12月发布的《量和单位》系列国家标准。历史上使用的计量单位，如斗、石、里、尺、磅、华氏度等，在引文时可照录。考虑到社会使用习惯，全书中亩不统一换算。

十、中华民国成立前的纪年，使用朝代年号纪年，括注公元年份；中华民国成立后的纪年，均使用公元纪年。志中所称“解放前（后）”，以该村解放日为界；“新中国成立前（后）”，以中华人民共和国成立日1949年10月1日为界；“改革开放前（后）”，以1978年12月中共十一届三中全会召开为界。本志“××年代”，凡未加世纪者，均指20世纪。

十一、为节省篇幅，避免重复，本志采用条目互见法。参见条目的表示形式为：参见本志“××类目·××分目·××条目”。

十二、对旧志、古籍中的繁体字、冷僻字一般用简化字或通用字替换，易引起误解的则保留。

十三、记述各个历史时期的党派、机构、职务、地名等，均以当时的名称为准。对频繁使用的名称，首次用全称并括注简称，其后用简称。

十四、各村志需要单独说明的事项，均在各自编后记中记述。

长城村在中国的位置

1：32 000 000

审图号：GS（2019）4178 号

长城村在宁夏回族自治区的位置

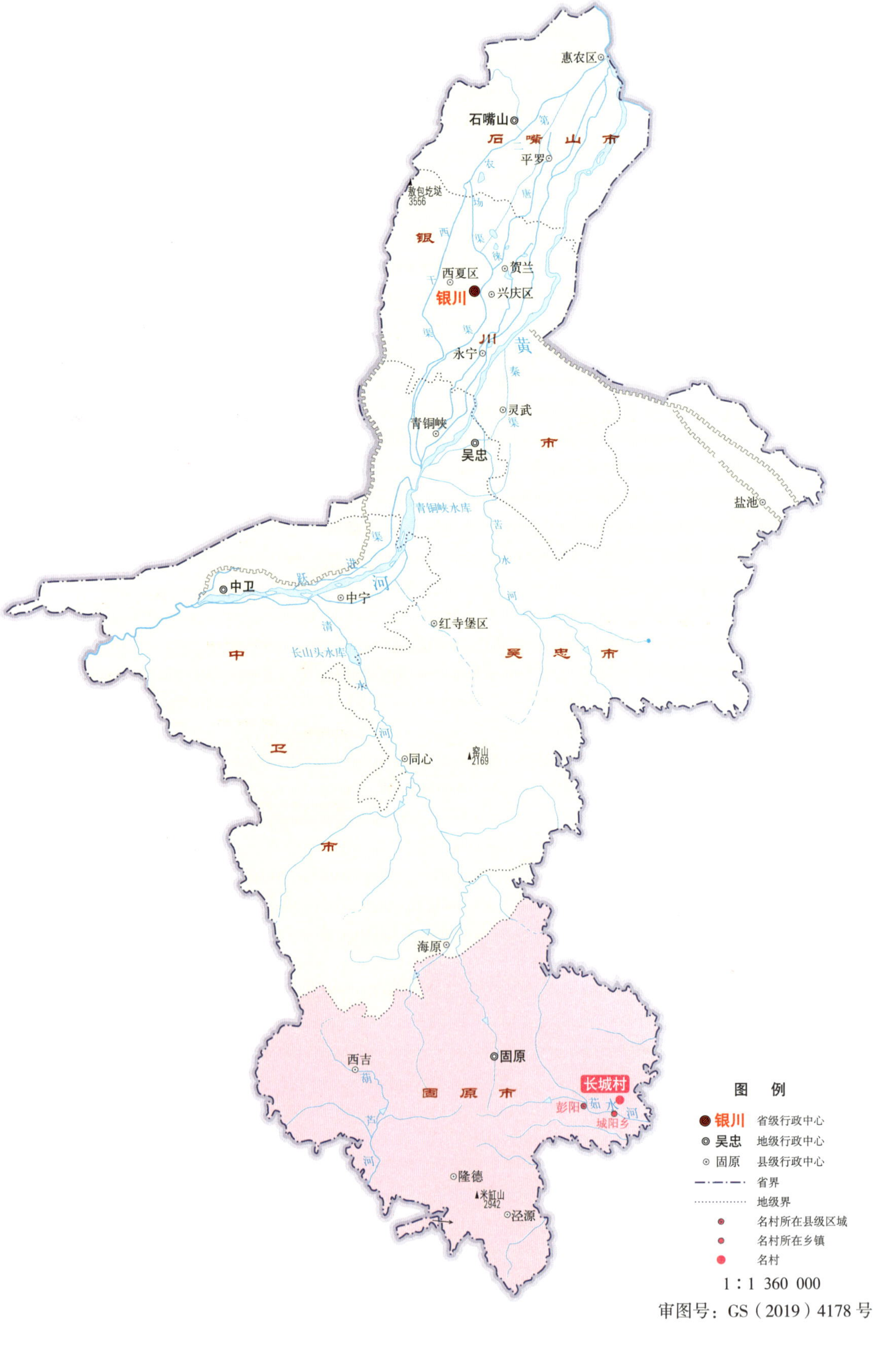

长城村平面示意图

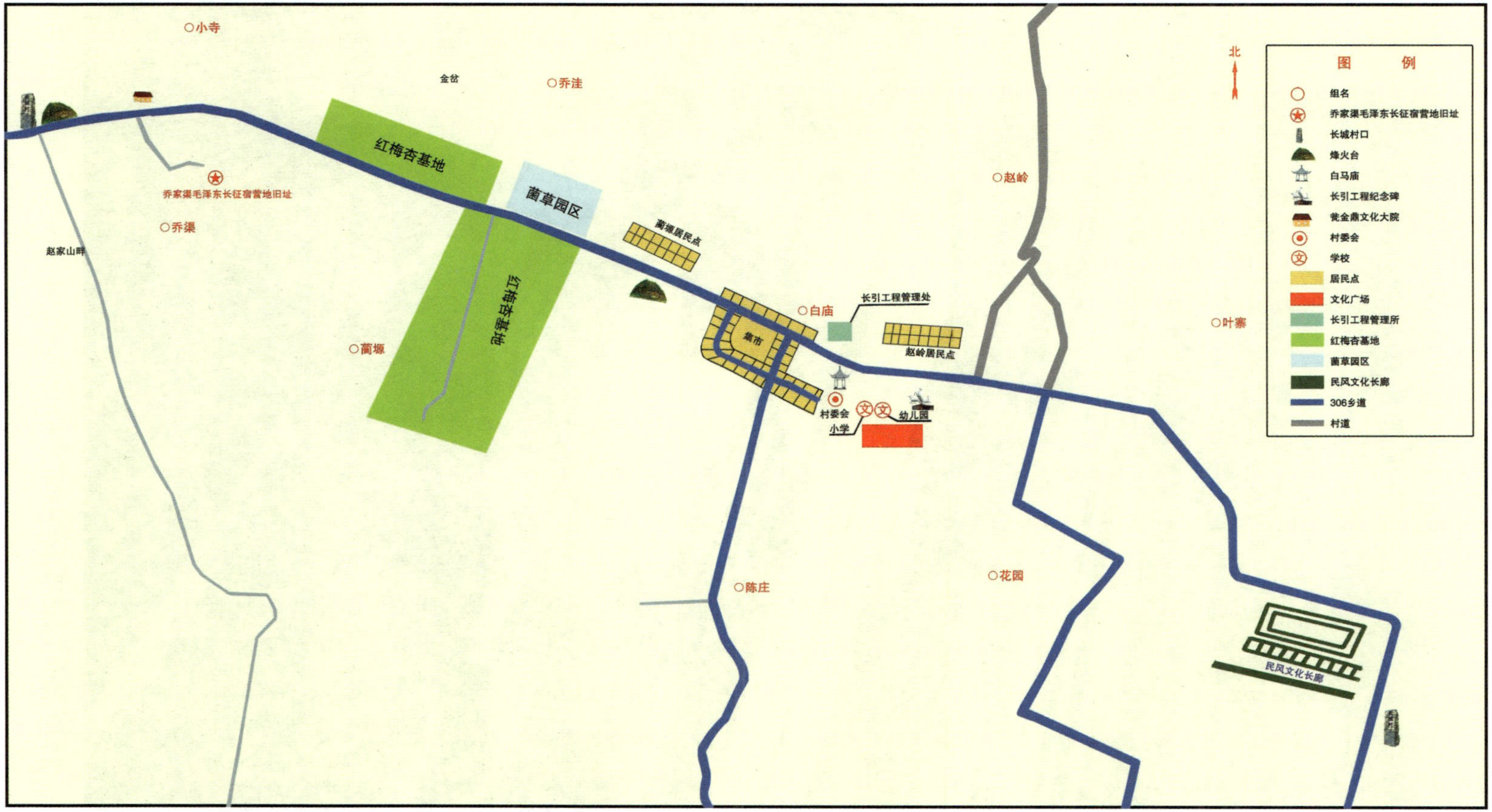
图例
组名
乔家渠毛泽东长征宿营地旧址
长城村口
烽火台
白马庙
长引工程纪念碑
党金鼎文化大院
村委会
学校
居民点
文化广场
长引工程管理所
红梅杏基地
菌草园区
民风文化长廊
306乡道
村道
北
小寺
金岔
乔洼
乔家渠毛泽东长征宿营地旧址
乔渠
赵家山畔
红梅杏基地
红梅杏基地
菌草园区
蔺塬居民点
蔺塬
集市
白庙
长引工程管理处
赵岭居民点
赵岭
村委会
小学
幼儿园
叶寨
陈庄
花园
民风文化长廊

长城村村委会所在地白庙组鸟瞰（2018 年）

张俊仓　摄

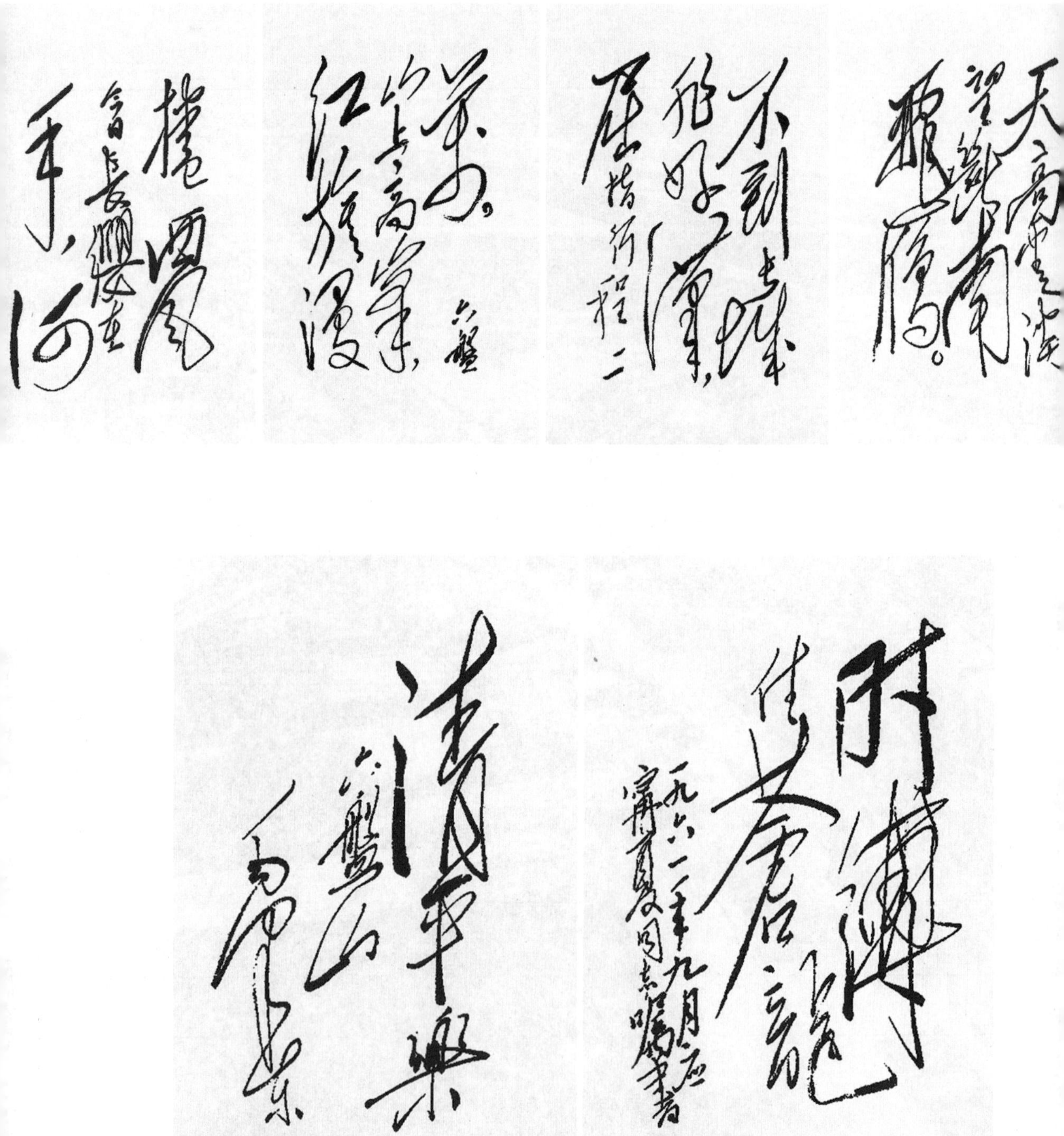

1961 年 9 月，毛泽东应宁夏同志嘱书《清平乐・六盘山》

杏鲍菇标准化出菇室（2018 年）　　张翔　摄

红梅杏种植基地（2019 年）　　杨巨辉　摄

乔家渠毛泽东长征宿营地旧址（2018 年）　　张翔　摄

战国秦长城遗址（2018 年）　　王宇　摄

目录

领袖留名篇　魅力长城塬

长城村，位于宁夏东南部六盘山东麓，是宁夏回族自治区固原市彭阳县城阳乡北部的一个红色文化、历史文化、传统文化和现代产业交相辉映、相映成趣的中国传统村落。

这是一个有红色记忆的村落。1935 年 10 月 7 日，毛泽东等率领中国工农红军陕甘支队（简称陕甘支队，由红一方面军第一军、第三军和军委纵队改编而成），翻越长征途中最后一道天堑六盘山，进入彭阳。据当事人回忆，8 日，红军沿茹河川东进，经白杨城（今彭阳县城），沿战国秦长城登上长城塬，夜宿今长城村乔家渠村民乔生魁家窑洞。毛泽东写下《长征谣》，后修改为著名词篇《清平乐·六盘山》。[①] 1961 年 9 月 8 日，毛泽东在第二次庐山会议期间，应宁夏同志之请手书《清平乐·六盘山》赠宁夏人民，表达了一代伟人对宁夏人民的深情厚谊。在红军过长城塬的艰难岁月里，毛泽东与红军指战员一同吃连皮带泥的洋芋（马铃薯）、喝涝坝水的红色故事代代相传；红军在长城塬露宿废弃庄院、打麦场、战国秦长城墙根，不扰民、不拿群众一针一线，文明之师的良好形象深入人心；长城塬村民把红军当亲人，将家中仅有的洋芋分一半给红军充饥，把家中仅有的一床破棉被拿给红军御寒，在“宁给馍馍不给水”、水贵如油、干旱少雨的情况下，把井、泉、涝坝水让给红军饮用；红军为老百姓挑水、帮助扫院干农活……一个个军民鱼水情深的动人故事讲了一遍又一遍。红军当年饮水的井、泉、涝坝，被群众亲切地称为“红军井、红军泉、红军涝坝”。毛泽东“不到长城非好汉”极具中国特色的铿锵誓言，就诞生在长城村乔家渠的土窑洞里，是烙印在长城塬村民心中永不褪色的红色记忆。“不到长城非好汉”的革命精神代代传承，成为长城塬儿女不畏艰险、不怕牺牲、勇往直前、战天斗地，改变贫困落后面貌，创造美好生活的强大精神动力。

陕甘支队长征过后，革命星火在宁夏大地燎原，西征追击、援西红军驻足彭阳发展中共党员，建立党的组织，革命力量蓬勃发展。1936 年 6 月上旬，西征左路红一军团解放彭阳东北部广大地区。是月，中共固北县委、县苏维埃政府在董家庄（今属环县）成立。10 月，中共固原工作委员会在三岔（今属镇原县）成立。1937 年春，执行追击、援西任务的红二十八军帮助中共固原县委建立中共麻子沟圈区委及所属的麻子沟圈（杨坪）等地下党支部、抗日救国委员会（抗敌后援会）；建立中共草庙区委及所属的米塬等地下党支部、抗日救国委员会。1948 年，建立长城塬游击队。麻子沟圈地下党支部、

---

① 参见彭阳县委党史和地方志研究室编《中国共产党彭阳历史第一卷（1921—1947）》，中共党史出版社，2021，第 30 ~ 32 页。中共宁夏回族自治区党史资料征集委员会、中国人民解放军宁夏军区政治部编《红旗漫卷——红军长征西征在宁夏》，宁夏人民出版社，1989，第 59 页。

抗日救国委员会，米塬地下党支部、抗日救国委员会，长城塬游击队分别在长城塬（主要包括今城阳乡长城村、涝池村）开展革命活动。米塬地下党支部派出中共党员杨作栋在长城塬开展地下工作，于 1948 年 2 月 2 日发展当地农民赵正富为中共党员。赵正富成为今长城村最早的中共党员。是年，杨作栋还介绍长城村村民赵得贵、甄占厚加入中国共产党。1949 年，长城村村民祁克孝、白占魁、瓮治安、赵得库加入中国共产党，党的队伍不断壮大。这批共产党员，革命信念坚定，舍生忘死，秘密为党工作，为民族独立人民解放，国家富强人民幸福做出了应有贡献。

这是一个有悠久历史的村落。旧石器时代晚期，在彭阳红河、茹河流域为主的广大地区就有人类繁衍生息。夏时乌氏戎国管控境内，商周中原王朝在彭阳姚河塬设置封国。战国秦至明代，隶属朝那县、黄石县、白池县、长城县、平凉县、百泉县、东山县、三川县、广安县、广安州，朝代更迭、隶属变迁。清隶属陕西布政司平凉府固原州清平里、甘肃省固原直隶州清平监乔家洼。民国初属甘肃省泾原道固原县东区城阳乡白马庙塬、长城塬，后属民国固原县第二指导区城阳乡公所（辖 9 保）三保、四保白马庙，再属城阳乡公所（辖 11 保）米塬保。1936 年属中共陕甘宁省委固北县、固原县。1949 年 8 月 1 日，彭阳解放，属固原县城阳区阳洼乡。1983 年 7 月 29 日，彭阳县成立，属彭阳县城阳乡至今。

漫漫历史长河，长城村村民一往无前、艰苦奋进，战天斗地、继往开来，留下千古传说令人心驰神往。“秦昭王时（前 272）……筑长城以拒胡”，战国秦长城自西向东穿塬而过，见证着长城塬的风云变迁。秦始皇筑长城、征民夫，鞭挞奴役，公子扶苏察民情、惜民力，保护百姓。赵高、李斯篡改遗诏，令扶苏自杀，老百姓尊扶苏建庙修坟；孟姜女哭长城感动天地，龙须树守长城遥寄乡思。时间滚滚向前，红色记忆点燃长城塬革命热情。当时宁夏南部单体工程投资最大的长城塬引水灌溉兼人畜饮水工程（简称长引工程）梦圆旱塬。新时代筑梦新长征，长城村的历史还在继续，共圆梦想未来可期。

这是一个有厚重传统文化的村落。长城村所在的城阳乡素有“东山文化之乡”的美誉。该乡地处陕甘宁三省区边缘，行政区划长期属陕西省、甘肃省管辖，西面受六盘山、黄峁山阻隔，北东南依次与甘肃省庆阳市环县、镇原县，平凉市崆峒区接壤，天然地缘为民间交往交流提供了条件，创造了成亲接缘的契机。因此，以陇东文化、陕北文化、宁夏南部文化为基因，以社会主义核心价值观为基础的中原文化在长城村根深蒂固、枝繁叶茂，世代传承生生不息。随着时代发展，各民族长期和谐相处，交流互鉴，共同丰富涵养了深厚的“东山文化”，形成优秀的传统文化和色彩斑斓、独具地方特色的民风民俗，浸润着千家万户好家风，滋养着尊师重教、孝老爱亲、爱国爱家、重情守义、热情好客、勤劳朴实的好民风，树立了长城人的良好形象，优化了发展的软环境。民间礼俗、节俗、婚俗、葬俗庄严神圣。与村民生产、生活、风俗礼仪相关领域的能工巧匠层出不穷、世代传承。民间木雕、刺绣、剪纸、编织、麦秆画憨拙古朴，成为国家非物质文化遗产大观园中的瑰宝。

这是一个有现代产业蓬勃发展的村落。长城村有红梅杏、菌草、万寿菊、苗木、中药材、旅游等支柱产业。有闽宁协作项目菌草产业园区；有国家地理标志产品红梅杏基地和道地中药材种植基地；有依托全国重点文物保护单位战国秦长城遗址、自治区级文物保护单位毛泽东长征宿营地旧址、叶寨民风文化长廊、多彩梯田、田园风光与农家吃住体验融为一体的品牌旅游项目。初步形成党支部及协会、合作社带动，公司加基地加农户，产销一条龙的产业链，成为立足当地、辐射带动周边劳动力转移、就业、脱贫增收的重要渠道。一年四季，黄酒、槐花蜜、红梅杏、鲜蘑菇、羊肉、搅团等绿色生态无污染美食飘香塬上。春来桃杏甩粉袖，夏日万寿菊流金海，深秋原野铺彩霞，冬天树挂舞银戟。镜头所至快门狂闪，访者临境如痴如醉。秦腔自乐班你争我抢唱今说古，广场舞一曲刚谢一曲又起，展尽村姑风采。公路两边 10 千米长廊，农家院落、粮仓、柴垛、围栏独具特色。瓮金鼎农民文化大院“书画作品展室”里中堂扇面组合、对联、四屏真草隶篆应有尽有；“工艺品展室”中精美根雕千姿百态，大小奇石染山晕水，多副茶台根攀枝接。景秀山庄等农家乐充满当地风味的特色美食，宽阔整洁的场所和优质服务尽遂人意。完善的基础文化生活设施、骄人的脱贫业绩，随着“中国传统村落”保护措施的实施和乡村振兴战略的落地，六盘山下的长城村伴随“不到长城非好汉”的气概名扬四海。

长城塬之春（2019 年）　　杨巨辉　摄

基本村情

长城村辖9个村民小组，总面积30.2平方千米，耕地面积20896亩。农业户籍人口1025户3625人，其中常住人口522户2110人。2014年，识别出建档立卡贫困人口227户921人。截至2018年年底，除7户26人外，其余全部脱贫，贫困发生率控制在0.71%以内。2018年，农民人均可支配收入10210元。义务教育阶段入学率100%，村卫生室达标正常使用，实现基本医疗保险、家庭医生签约全覆盖。实现村组通硬化路、通班车，自来水入户，通4G网络，庄稼地头通动力电，行政村宽带全覆盖。红梅杏、菌草、万寿菊、中药材种植和红色、田园农家游等已成为当地村民增收致富的特色产业。

建置区划

村名由来 《史记·匈奴列传》:“秦昭王时（前272），义渠戎王与宣太后乱，有二子。宣太后诈而杀义渠戎王于甘泉，遂起兵伐残义渠。于是秦有陇西、北地、上郡，筑长城以拒胡。”这里的“长城”就是横穿长城村而过的战国秦长城。两汉之际，班彪从长安（今西安）出发，“遵长城之漫漫”，到高平（今宁夏固原境）。西魏废帝二年（526）彭阳境设长城县。《宣统固原州志》记载，清代在今长城村乔渠、叶寨、赵岭设乔家洼村、赵叶家岭村。《道光镇原县志》记载，清代今长城村、涝池村所在的黄土高原统称“长城原”。1935年，毛泽东率领陕甘支队长征经过时，长城塬有乔家渠、赵山畔等。1958年，乔家渠等13个生产小队合并，成立长城生产大队。1983年，彭阳县成立。是年，长城生产大队更名为长城村。

隶属变化 彭阳县境内白阳镇岭儿沟、任湾，城阳乡刘河等处的旧石器时代遗址表明，早在旧石器时代晚期，以彭阳境红河、茹河流域为主的广大地区就有人类繁衍生息。夏时属乌氏戎国管控，商周属中原王朝在彭阳姚河塬所设置封国。战国秦汉魏晋十六国先后属北地郡、安定郡、陇东郡的朝那县。北朝属长城郡长城县。隋唐先后属平凉郡、原州平凉县、百泉县。唐末五代陷于吐蕃。北宋先后属镇戎军、原州。金代属镇戎军东山县。元代属开成路广安州。明初，属陕西布政司平凉府开成县。明弘治十五年（1502），属平凉府固原州新兴里。

战国秦长城遗址春景（2019年） 祁悦章 摄

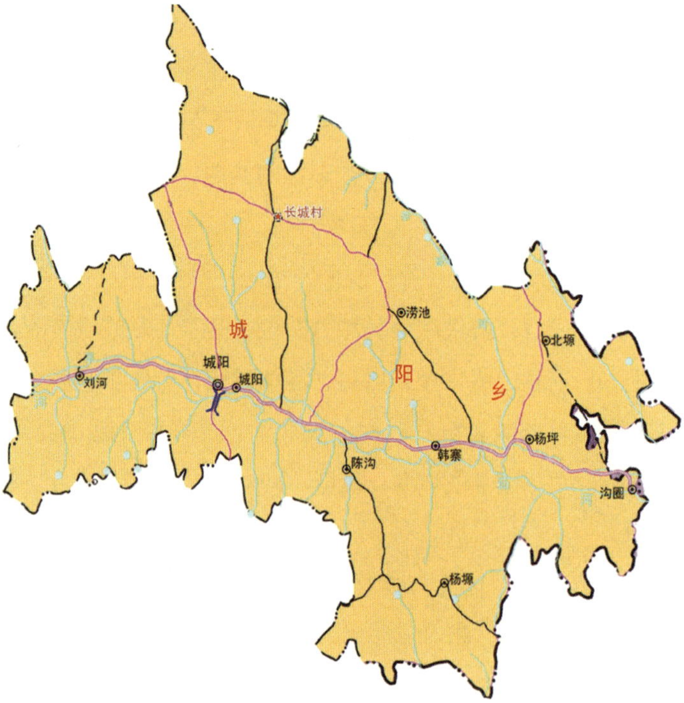

长城村在城阳乡中的位置示意图

清初属陕西布政司平凉府固原州清平里。康熙六年（1667），陕西析置甘肃布政司，属甘肃布政司。同治十二年（1873），固原州升直隶州，属甘肃省固原直隶州清平监乔家洼。

1929年，实行区村制，属甘肃省泾原道（驻平凉，后改泾原行政区，又改第二行政专员公署）固原县东区城阳乡白马庙塬、长城塬。1934年，实行乡镇联保制，废区署设四个区指导员，属第二指导区城阳乡公所（辖9保）三保、四保白马庙。1946年，属城阳乡公所（辖11保）米塬保。

1936年，属中共陕甘宁省委固北县、固原县在境内建立的草庙、麻子沟圈统战区。

1949年8月1日，彭阳全境解放，属固原县城阳区（六区）阳洼乡（三乡，驻今白阳镇嘤岘村境内）。

1950年2月，区人民政府改称区公署，属固原县城阳区公署（六区）阳洼乡（三乡）。

1953年1月，区公署改称区公所，属固原县城阳区公所（六区）阳洼乡（三乡）。

1955年，村改初级社。1956年11月，今长城村境内初级社改3个高级社，即和平高级社（花园子、白马庙、陈庄的刘庄）、新光高级社（乔洼、小寺、牛嘴、金岔、上台、白马庙部分）、长坪高级社（叶寨、赵岭、赵山庄、陈庄大部分和今涝池村小庄组）。

1958 年 10 月，撤销区公所，乡人民政府改称人民公社管理委员会（简称公社）。撤销阳洼乡，改属上洼公社。

1958 年 12 月，上洼公社改称城阳公社。甘肃省平凉地区专员公署（今庆阳市）镇原县郭原人民公社花园子生产队划入宁夏回族自治区固原地区专员公署（今固原市）固原县城阳人民公社长城大队。和平、新光、长坪高级社合并成立长城生产大队，辖叶家寨、赵山庄、赵家岭、白马庙、花园子、陈家庄、蔺家塬、乔家洼、金家岔、牛家嘴、小寺、上台、乔家渠 13 个生产小队，共 1370 户 6000 多人，属城阳公社。

1961 年 5 月，成立彭阳工委，属彭阳工委城阳人民公社。

1963 年 4 月，撤销彭阳工委，恢复彭阳区公所。属彭阳区公所城阳人民公社。

1983 年 7 月 29 日，国务院批复设立彭阳县 [《国务院关于宁夏回族自治区设立彭阳县的批复》（83）国函 149 号]，彭阳区公所撤销。11 月，人民公社管理委员会、生产大队、生产小队，分别改称乡人民政府、行政村、村民小组。长城村属彭阳县城阳乡至今。

1985 年 1 月，城阳乡白岔村山畔组划入长城村。

1996 年 7 月，城阳乡长城村上台组划入崾岘乡崾岘村；刘塬乡和沟村冯山组划入长城村；长城村牛嘴组马家嘴 9 户 49 人划入城阳乡白岔村阳洼组。自此，长城村辖叶寨、山庄、赵岭、白庙、乔洼、金岔、牛嘴、小寺、乔渠、蔺塬、陈庄、花园、山畔、冯山

长城村村民居住的窑洞冬景（2019 年） 杨万忠 摄

14个村民小组。

2009年，山畔组并入乔渠组，金岔组并入乔洼组，牛嘴组并入小寺组，冯山组并入赵岭组，山庄组并入叶寨组。自此，长城村辖乔渠、小寺、乔洼、蔺塬、白庙、陈庄、花园、叶寨、赵岭9个村民小组至今。

附1：花园子“飞地”

“飞地”也称“插花地”或“被包围版图”。花园子自然村落因远离甘肃省镇原县，四周均属原固原县（今彭阳县）辖地包围，故称花园子“飞地”。花园子“飞地”含今长城村花园、蔺塬、陈庄的刘庄、白庙（邓家、祁家、景家、崔贵帮支系）、乔渠乔家、瓮家和城阳乡涝池村祁庄组祁家。

花园子“飞地”形成于明代。明代为巩固边防，保证军马供应，实行官牧与民牧相结合的养马制度。在兵部设太仆寺，管理各地直属的苑马寺、监、苑三级养马机构。明初，在陕西布政司平凉府驻地设平凉苑马寺管理二监七苑。在彭阳境内设灵武监（后改清平监，驻今彭阳县城北面小河口旧城子）管理清平（与灵武监同驻）、万安（今环县芦湾乡）、武安（今镇原武沟、马渠一带）三苑。据明嘉靖三十九年（1560）赵时春编修《平凉府志·官师》载：“灵武监，监正一员，录事一员，治三苑。清平苑围长二员，万安苑围长二员，武安苑围长一员。各品隶视前，共吏六人，共岁支俸粮四百五十六石，征于庆阳府、固原州，各隶银俱征凤翔州县之徭于寺而给之。清平苑荒熟地二万五千九百二十顷三十一亩六分一厘。东至固原州彭阳里（指彭阳里非彭阳城）、雨水川岭（今岭儿沟口），西至本里打石沟（今店洼打石沟），南至本州新兴里南川（今红河川），北至固原卫右所唐百户长流水屯（今王洼镇长流水），纵七十里，横四十里，碑标二十二树。额军五百四十二人，原马并驹二千五百一十九匹，今马并驹二千六百六十七匹。”《镇原县志·户口》载：“明成化年间，天大旱，瘟疫流行，民之过半”，“自开边铺到平安寨（今城阳中学）、彭阳驿（今彭阳县城）间，一百多里的土地无人耕种”。正德年间，把这些荒地置为牧场，归灵武监管理。

当时朝廷养马军地与民地犬牙交错，马政管理机构与地方政府管理的区域不尽一致，马政制度废除时按马政管理机构管理范围整体移交地方政府，形成“飞地”现象。花园子宋属平安寨，明属清平监，清康熙年间（1662—1722）属卫所里、清末属甘肃省镇原县舒长里马渠镇张岘子村。1928 年，“里”改“区”，属镇原县第四区（舒长区）马渠镇张岘村。1934 年，实行乡镇保甲制，属镇原县第四区马渠镇张岘子保。1949 年 7 月 29 日，镇原县全境解放，属镇原县十区（马渠）十一乡（张岘子）。1950 年 1 月，撤销马渠区，属开边区（第六区）第七乡（张岘子）。1958 年 3 月，张岘子乡并入黑渠口乡（今武沟乡），花园子改属郭原乡。1958 年 10 月，甘肃、宁夏两省区决定对换“飞地”，将“花园子”与时属固原县城阳公社的陈坪对调，花园子 67 户 511 人，耕地 6116 亩划归固原县。陈坪 213 户 1303 人，耕地 6116 亩划归镇原县。

附 2：地名趣谈 ①

随着时代变迁，长城村境内的地名也随之发生变化。因村及以下大部分地名无文献可考，根据民间口述整理如下：

长城塬　长城村所在的长城塬，因战国秦长城穿塬而过得名。战国秦长城气势磅礴，形似山岭又称长城岭；民间把扶苏太子尊为白马天神，在明代就建白马天神庙，又得名白马庙；之后把建在长城塬上的行政村长城村、涝池村统称长城塬。1935 年 10 月 8 日，毛泽东率领陕甘支队长征翻越途中最后一道天堑六盘山，沿战国秦长城登上长城塬，夜宿乔家渠，创作《长征谣》，后修改为著名词篇《清平乐 · 六盘山》，长城塬随领袖和词作名扬天下。

乔渠　属长城村的一个组，清代及以前，因樊姓人家在此居住得名樊家塬；又因东西走向的道路与南北走向的沟道，在这里形成十字骨架，故又称十字沟。清末，乔姓人家迁此居住后称乔家渠、乔渠渠、乔渠、乔渠庄，也有人嫌“渠”字笔画太多，写成乔区。毛泽东夜宿乔家渠乔生魁家窑洞，乔家渠载入史册。

金岔　属长城村的一个组，因境内沟岔有一口日出水量在长城塬最多的井

① 祁悦章整理。

而得名井岔，后因该地沟沟岔岔平展肥沃的土地为产粮食的宝地，又转音为金岔。陕甘支队长征在金岔井饮水，被当地群众亲切地称为“红军井”。

白庙　属长城村的一个组，历史悠久，因境内明代建有白马天神庙得名白马庙、白庙。村部、小学、幼儿园、卫生站、集市等驻该组。

花园　属长城村的一个组，由于村庄附近有一块叫大园子的耕地，土地肥沃，适合农作物生长，地理位置十分优越，属上等地，即民间说的“天心地胆”。传说清同治年间（1862—1874），遭遇兵燹，原住户外迁，土地撂荒，散兵游勇霸占乡里，成片种植罂粟，开花时节姹紫嫣红，一片花海，因此得名花园子、花园。1958 年前，这里属于镇原县管辖的“飞地”，现在只指花园组。

叶寨　属长城村的一个组，历史悠久，传说宋时建有军寨等军事设施，又因此地有叶姓人家居住，故称叶家寨子，现简称叶寨。

小寺　属长城村的一个组，民国年间因一村民修庄打院取土时挖出一深埋在地下的一孔窑洞，窑壁有神像彩绘，疑为寺庙建筑，由于规模小，故得名小寺。

牛嘴　又名“三合嘴”。由牛家嘴、马家嘴、庙嘴三个村落组成，当地群众称三合嘴，意为团结和睦。牛家嘴主要居住牛姓人家，马家嘴主要居住马姓人家，庙嘴因有一座玉皇庙而得名。

蔺家塬、乔家洼、陈家庄、赵家山畔、赵家山庄、赵家岭这些地名或因住民

花园子（2019 年）　　张俊仓　摄

姓氏或因地理位置得名，人民公社化后为体现公有，读写方便，去掉姓氏和表示地理位置等字眼，变成蔺塬、乔洼、陈庄、山畔、山庄、赵岭等名并沿用至今。

◉ 人口　姓氏

人口总量　中华人民共和国成立后，社会稳定，人民安居乐业，长城村人口生育进入第一次高峰期。1950 年，人口出生率为 43.79‰。1952 年，人口出生率为 62.64‰。1959 年前，人口出生率都在 40‰以上。1959—1961 年，国民经济困难时期，人口出生率进入低谷。60 年代后，人口自然繁衍，出现第二次生育高峰。70 年代末至 80 年代初，实施计划生育政策，出生率逐渐下降。90 年代以后，出生率在 20‰以下。2007 年，长城村 828 户 3552 人，出生 41 人，出生率 11.5‰。2009 年，全村共有 828 户 3609 人。“十二五”期间开始大规模生态移民，至 2014 年年底，长城村农业户籍总人口 968 户 3610 人，其中常住人口 522 户 2110 人。截至 2018 年年底，长城村农业户籍总人口 1025 户 3625 人，其中常住人口 522 户 2110 人。

源流迁徙

夏、商、周时期，彭阳境称“大原”，为“狄戎”活动范围。秦昭襄王三十五年（前 272），秦灭义渠，筑长城以拒胡，人口从内地大量迁入长城塬。秦汉时期，中原王朝和北方匈奴较量，出现大规模移民潮。秦末到汉初农民起义迭起，战争不断，导致全国人口急剧减少，土地大量荒芜，包括彭阳在内的广大西北地区人口纷纷逃散至内地，加之本地生活条件艰苦、天气寒冷，甚至出现“千里无停徼”的状况。东汉末年，中国西部及北部少数民族跨越战国秦长城内迁。隋唐时期，陆上丝绸之路进入鼎盛时期，彭阳属丝绸之路东段北道，大批商旅入境内，部分定居本地。明代洪武（1368—1398）、永乐（1403—1424）年间大规模向西北移民，长城塬人口渐渐充实。明天启年间（1621—1627），白马庙碑刻显示有赵、杨、王、梁、李、苗、宋、张、邵、伏、白、刘、陈等姓氏在长城塬定居。

蔺塬蔺氏　清朝中叶，原籍陕西省延安吴家堡（吴起县蔺家沟）蔺氏一支迁到蔺塬。

叶寨杨氏　清咸丰十一年（1861），杨凤存从本乡杨坪迁到叶寨。

乔洼乔氏　清同治年间（1862—1874），祖籍山西祁县东观镇的乔德荣随其父逃荒辗转至长城村乔家洼落居。

牛嘴牛氏 明末，牛氏一世祖从今甘肃省环县牛大堡子搬到今草庙乡牛家洼子。清同治年间，又搬到牛嘴（三合嘴）居住。

白家岔白氏 清同治年间，白大权携子白玉珠，由今甘肃省环县安白川逃难到乔洼，置白富华宅院一处、田地百余亩定居。

乔家渠乔氏 清同治年间，乔如山从山西迁到乔家渠。

蔺塬李氏 清同治年间，本乡南杨塬李家湾李氏支系搬到蔺塬居住。

乔家渠李氏 清同治年间，李氏先祖从甘肃灵台搬到蔺塬和本地李家认亲，后部分搬到乔家渠。

陈庄李氏 清同治年间，李氏先祖从今本乡杨塬村搬到陈庄。

叶寨李氏 清同治年间，李氏先祖从今红河镇友联村小湾搬到叶寨。

花园张氏 清同治年间，张氏先祖从今甘肃省镇原县武沟乡张岘自然村张岘子，迁到今花园组。

乔家渠瓮氏 清同治年间，今彭阳县草庙乡米塬村南原畔瓮家畔瓮氏迁居乔家渠。

陈庄庞氏 清同治年间，今甘肃省镇原县武沟乡庞家沟庞生学迁居陈庄。

陈庄曹氏 清同治年间，曹氏先祖从今甘肃省宁县迁居陈庄。

赵岭甄氏 清同治年间，甄氏先祖从今甘肃省镇原县甄家沟，搬到今新集乡石家沟口，后搬到赵岭。

花园白氏 清光绪十九年（1893）白有海携子白荣邦、白守邦，由今甘肃省镇原县郭原乡王沟圈村白庄迁至今草庙乡米塬村杨家台，光绪二十九年，又迁至花园子。

花园杨氏 清光绪三十四年，杨氏先祖从今甘肃省镇原县郭原乡西杨村甘堡湾搬到花园子。

花园曹氏 清同治年间，曹氏家族举家搬往平凉。清光绪三十四年，搬回花园子。

花园陈氏 清宣统年间（1909—1911），陈氏先祖从今甘肃省镇原县陈坪搬到花园子。

赵山畔赵氏 清朝后期，赵氏先祖从本乡北塬罗家湾搬到赵山畔。

金岔、花园祁氏 明洪武六年（1373）前后，祁氏先祖由山西大槐树迁至今陕西省咸阳市，后分支迁入今甘肃省镇原县祁家川。清康熙五十一年（1712）前后，祁氏先祖祁四能迁至今本乡韩寨村祁家洼，后世支系又迁至长城村。

白马庙祁氏 清同治年间，祁氏先祖从今本乡祁家洼迁入今本乡祁后沟。清宣统二年（1910），祁守仓从祁后沟迁入白马庙。

冯山李氏 清光绪十三年（1887），今本乡南杨塬李家湾李氏支系迁长城村陈庄、蔺塬、党岔。1901 年前后迁居草庙张街、崾岘后庄。20 世纪 20 年代，迁到冯山，置田产定居。

白马庙景氏 民国时期，景氏先祖从今镇原县郭原乡景塬村路岭组逃荒到长城村。

陈庄袁氏 1929 年，袁氏先祖从甘肃党塬迁移到白马庙刘庄（今属陈庄组）。

白马庙崔氏 1929 年，崔文禄从今陕西省凤翔县大槐树四村迁到长城村。

白马庙邓氏 1938 年，原籍今甘肃省镇原县郭原乡王咀村邓家沟的邓玉科携父邓继业，子邓步英、邓步荣，迁居固原县。新中国成立前夕，流落至长城村白马庙。

蔺塬冯氏 原姓张，新中国成立前后从今陕西凤翔县逃难到长城村。

此外，还有王、田、安、孙、宋、吴、余、虎、郑、郭、施、高、陶、董、路、翟等姓氏，在解放前期陆续从外地迁入。长城村现有 39 个姓氏。

新中国成立后，特别是彭阳建县以来，政府出台一系列政策措施，帮助扶持生活在生态脆弱、生产生活条件极差的贫困片群众脱贫致富。2001 年，长城街道大规模改扩建。随后，蔺塬、赵岭居民点建成，先后有刘氏、常氏、马氏、韩氏、时氏等从孟塬乡、红河镇、草庙乡、白阳镇和本乡沟圈村等地迁入，在居民点落户。“十二五”期间，实施生态移民，小寺、牛嘴、花园共有 55 户 198 人移民彭阳县城或县外。“十三五”期间，长城村各小组 18 户 74 人移民彭阳县城。同时，伴随高考就业移民、自主创业移民等人口迁移，现长城村籍村民分布在全国各地。

自然环境

区位交通 长城村位于彭阳县城阳乡以北约 5 千米处，属黄土高原残塬区。 地处北纬 35.856° ~ 35.898°，东经 106.747° ~ 106.829°。北连草庙乡刘塬村，南接城阳乡城阳村，西毗白阳镇白岔村，东邻城阳乡涝池村。 总面积 30.2 平方千米，耕地 20896 亩，其中水浇地 7000 亩，旱塬地 13896 亩。

地形地貌 长城村所在的长城塬是彭阳县境最大的黄土残塬，塬区土地平坦，塬面由西北向东南倾斜，坡度在 1/42 ~ 1/26 之间。土质较肥沃，干渠沿线上段为丘陵地带，地面坡度较陡。西北高，东南低，境内海拔最高 1696 米，最低 1522 米。

长城村自然环境（2019 年）

杨巨辉　摄

气候环境 长城村属温带半干旱大陆性季风气候，年降水量 450 ~ 550 毫米，冬季（12 月—次年 2 月）降雪量少，占全年降水总量 2.4%；春季（3—5 月）占全年降水总量 17% 左右，常有春旱发生。夏季（6—8 月）占全年降水总量 59%；秋季（9—11 月）占全年降水总量 22%。降水主要集中在 7—9 月，约占全年总降水量 58%，并多以暴雨、冰雹等灾害形式出现，农业生育期有效降水较少。全年多风，年平均风速 2.6 米每秒。蒸发强烈，年平均水面蒸发量 960 毫米，干旱指数 2.0。年平均气温 7.4 ~ 8.5℃，日照 2311.2 小时，无霜期 140 ~ 170 天，1 月最冷，7 月最热，日照充足；冬季多西北风，夏季多东南风。春末初夏的干旱，春秋季的霜冻，夏季的暴雨、冰雹等为主要自然灾害。

土壤土质 长城塬属黄土高原残塬区，土壤类型主要为：耕种轻壤质普通黑垆土、耕种中壤质普通黑垆土、耕种轻壤质侵蚀黑垆土。土地类型：残塬、黄土丘、黄土丘陵缓坡地（7° ~ 15°）、黄土丘陵中坡地（15° ~ 25°）。土壤侵蚀情况：西南方向到东北方向分别为二级轻度侵蚀、一级轻度侵蚀、二级中度侵蚀。土壤营养物质及含量：有机质含量 0.6% ~ 1.5%，碱解氮含量 30ppm[①] ~ 90ppm，速效磷含量 30ppm ~ 50ppm。

自然资源

彭阳县树立“绿水青山就是金山银山”的发展理念，坚持生态立县方针，森林覆盖率由建县之初不到 3%，提高到现在的 27.5%。长城村村民生态文明意识不断增强，自然资源更加丰富，实现了山绿和民富的双赢。

植被 长城村以草原植被为主体，草甸植被、森林植被、人工植被相结合的绿色生态长城塬。普通黑垆土区草原植被主要由长芒草、蔆蒿、铁杆蒿、百里香、兴安胡枝子、白羊草、赖草、茵陈蒿、二裂委陵菜、星委陵菜等组成。灌木有酸刺、文冠果、紫丁香等。栽培植物有紫花苜蓿、冬小麦、玉米、糜子等。侵蚀黑垆土区，植被以长芒草、百里香、蔆蒿、铁杆蒿等群落为主，次有赖草、醉马草等。灌木除扁核木外，还有柠条、小叶锦鸡儿、紫丁香、虎榛子等。草甸植被区植被以中旱生和旱中生植物为主要建群种，同时伴生一定量的中生及旱生植物。主要有蒿类、蕨类、大披针苔草等群系，以及属草原植被类的针茅、百里香、白羊草、星毛委陵菜等。森林植被区，落叶阔叶林

① ppm：农业生产活动中防治病虫及根外追肥时对用量极少的农药或肥料进行稀释时所表示的使用浓度单位，通常叫“百万分之……”。

刺杆（2019 年）

楸子（2019 年）

以山杨为主，次有白桦、辽东栎、椴树等。灌丛主要有山桃、白刺花、狼牙刺、虎榛子、酸刺、毛榛子、二色胡枝子等。人工植被根据彭阳县全面推行的“山顶沙棘、山桃株间混交，隔坡地埂苜蓿、柠条，山坡桃杏缠腰，土石质山区针阔混交”林草配置模式和“88542”隔坡反坡水平沟整地标准[①]进行生态建设。伴随脱贫富民产业发展，种植的红梅杏、中药材、苗木等为塬上植被增添新品种。

药用植物 药用植物除大规模种植的党参、生地、柴胡、黄芪、板蓝根、红花、芍药、茵陈、甘草、太子参等中药材外，还有200余种野生中药材。主要有：胡卢巴（苦豆子）、花椒、羌活、赤芍、白芍、远志、山桃、杏、麦芽、秦艽、柴胡、沙参、黄精、细叶立黄芪（沙打旺）、仙鹤草、防风、膜荚黄芪、钟楼、前胡、黄芦木、毛叶小檗、藿香、贝母、节节草（土麻黄）、角茴香、节裂角茴香、黄花草、木樨、菟丝子、夏至草、野芒麻、角蒿、石沙参、泡沙参、长桂沙参、金挖耳、大黄、唐古大黄、鸡爪大黄、波叶大黄、沙柳、胡桃（核桃）、白桦（桦树）、榛（毛核桃）、川榛、尖叶丝石竹、毛榛（山麻子）、大麻（麻子）、桑（桑树）、西南细辛（细辛）、酸模叶蓼（鸡大腿）、

① “88542”隔坡反坡水平沟整地标准：该技术是彭阳县在多年林业生态建设中总结出适合本区域造林的旱作林业技术，被宁夏回族自治区技术监督局确定为地方标准（DB64/T199-1998）。该技术常用于水土流失严重、坡面较规则的山坡造林整地。具体操作是在地形完整，坡度小于25°的荒山、退耕还林的缓坡地段，“等高线，延山转，宽2米，长不限，死土挖出，活土回填”的方法进行整地。即沿等高线开挖宽0.8米，深0.8米的水平沟，用沟内挖出的土拍实外埂，埂顶宽0.4米，埂高0.54米，埂侧坡60°～70°，将沟内侧上方表土铲下拍碎，填入水平沟内至开挖口上沿10厘米处，平整田面宽2米，并做成10°～20°的反坡田面，每隔5～10米修筑宽0.3～0.5米的拦水埂，上下相邻带间距5～8米，留自然集水坡面。

藜（灰条）、牡丹（丹皮）、独行菜（辣辣）、小米口袋（米桩桩）、珍珠菜（狼尾巴花）、打碗花（苦子蔓）、甘露子（地溜子）、百里香（地椒子）、野枸杞（狗牙刺）、甘菊（野菊花）、苦苣菜（苦苦菜）、蒲公英（黄花苔）、白草（倒生）、狗尾草（毛莠子）、天南星、血满草（臭老汉）、知母（梳背草）、北萱草（黄花菜）、蕨（蕨麻）、五角银粉背蕨。

野生动物 长城塬的野生动物主要分禽类、兽类、昆虫类等。

禽类有：鹊（红嘴蓝鹊、灰喜鹊、喜鹊）、鸦（褐背地鸦、星鸦、红嘴山鸦、寒鸦）、伯劳（长尾灰伯劳、灰背伯劳、红尾伯劳）、山雀（黄腹山雀、银喉山雀）、雀（灰冠雀、麻雀、石雀、金翅雀、洒红朱雀、红眉朱雀、普通朱雀、赤胸灰雀）、燕（家燕、毛脚燕）、百灵（小沙百灵、角百灵、凤头百灵）、草鹭、绿翅鸭、白头鸭、隼、红大杜鹃、纵纹腹小鸮、蓝翡翠、戴胜、蚁裂、黑枕绿、啄木鸟、斑啄木鸟、绿胸八色鸫、小云雀、树鹨、黑枕黄鹂、椋鸟（北椋鸟、灰椋鸟）、黑背燕、鸫（白背矶鸫、蓝矶鸫、紫啸鸫、灰头鸫、斑鸫）、眉（山噪眉、橙翅噪眉、褐头雀眉）、莺（褐柳莺、棕眉柳莺、黄腰柳莺、暗绿柳莺）、寿带、白脸、三道眉、褐河乌鸲（蓝歌鸲、赫红尾鸲、北红尾鸲、白顶溪鸲、红尾水鸲、短翅鸲）、野鸽、斑鸠、鹌鹑、乌鸦、鹞子、猫头鹰等。

兽类有：大耳猬（刺猬）、猪獾、獾、豹猫、草兔、达吾尔鼠兔、狍子、黄鼬（黄鼠狼）、岩松鼠、花鼠、达吾儿黄鼠、五趾跳鼠、三趾跳鼠、根田鼠、鼹形田鼠、中华鼢鼠、长爪沙鼠、子午沙鼠、小家鼠、黑线姬鼠、大林姬鼠、中华姬鼠、麝鼹、蝙蝠等。

昆虫类有：七星瓢虫、黑绿红瓢虫、小十三黑瓢虫、二星瓢虫、华姬蝽、犀角粪金龟甲（亦称大坚牛）、大蜣螂（屎爬牛）、黏虫步甲、金星广肩步甲、双狭虎、绸纹虎甲、中华草蛉、夜蛾瘦姬蜂、红腹细腰蜂、黄斑胡蜂等。

◉ 村级管理

长城村党支部 2006 年 6 月 6 日，中共长城村总支部委员会成立，下设长城村党支部和长城村非公有制经济党支部、长城塬菌草园区党支部（长城塬食用菌产业联合党支部）、长城塬果树先锋党支部。2018 年 8 月撤销党总支保留长城村党支部。截至 2018 年年底，村党支部共有党员 80 名，其中女性党员 11 名，占党员总数 13.75%，男性党员 69 名，占党员总数 86.25%，高中及以上文化程度 26 人，初中文化程度 29 人，小学文

长城村党务村务公示栏（2019年）　　　　祁悦章　摄

化程度及文盲25人，6个功能型党小组。此外，设村团支部，由3人组成，书记1名，委员2名，书记由村党支部副书记兼任。设村妇女联合会，主任1名，委员2名。设民兵营，营长1名。

长城村非公有制经济党支部　2006年成立，2018年8月撤销，党员合并到长城村党支部。

长城塬食用菌产业联合党支部　2007年成立，是建在产业链上的功能型党组织，隶属于长城村党总支。2018年8月至今隶属于城阳乡党委。截至2018年年底，共有5名党员。

长城塬果树先锋党支部　2008年成立，2018年8月撤销，党员合并到长城村党支部。

村民委员会　1983年，恢复乡、村建制。同年11月，撤销区公所和人民公社管理委员会，相应成立城阳乡人民政府，改长城生产大队管理委员会为长城村民委员会，改生产队为村民小组。村委会设主任1名，由村民代表大会选举产生。

村务监督委员会　2011年春，长城村民代表大会选举产生第一届村务监督委员会，设主任1名，委员2名，每届任期3年。

附：村干部“十要十不准”

一要爱岗敬业、忠于职守，不准迟到早退、擅离岗位、失职渎职；
二要遵纪守法、令行禁止，不准阳奉阴违、欺上瞒下、弄虚作假；
三要雷厉风行、务实创新，不准拖拉疲沓、敷衍塞责、不思进取；
四要严于律己、清正廉洁，不准以权谋私、优亲厚友、吃拿卡要；
五要厉行节约、勤俭办事，不准挥霍浪费、损公肥私、大操大办；
六要注意言行、树好形象，不准语言粗俗、举止粗鲁、生活腐化；
七要依法行政、规范理财，不准乱收乱支、截留挪用、私费公报；
八要亲民爱民、凝聚人心，不准与民争利、作风粗暴、打骂群众；
九要弘扬正气、团结和谐，不准推诿扯皮、拉帮结派、公报私仇；
十要崇尚文明、维护稳定，不准传播谣言、沿袭陋习、封建迷信。

◉ 发展概况

经济建设

集贸市场 集市是农村或乡镇在固定地点、固定时间买卖货物的市场，是最基本、最广泛、最传统的营销场所。由官方公告确定或者买卖双方约定的集市交易日，称集日。去集市买卖货物，长城村村民称“跟集”或“赶集”。

长城村集市位于白庙组，又称白马庙集市或白庙集市，是整个长城村最繁华、最活跃的地方。1946 年，长城村袁治奎、张治家、蔺得蕃、祁彦杰、祁克孝、曹明璋、崔贵邦等人发起建立白庙集市。解放前，白庙集市简陋，设施几乎空白，仅有露天的贸易场地，以农副产品贸易为主。

1981 年，恢复白庙集市贸易，称长城集贸市场，占地 4 亩多。1992 年起，为扩大集贸市场规模，带动本地经济发展，党支部一班人带领村民填大坑、平地坎，将市场面积扩大到 17 亩，个体户由最初的 10 多家发展到近百家。2001 年，在彭阳县民政局支持下，长城村争取到 60 万元投资款项，号召村民在集市集资建房，共筹集资金 150 万元，对市场进行统一规划和大规模改扩建，新建集市占地 76 亩，建成商品房 317 间 6000 多平方米。自此，长城集贸市场成为全县最大的村级集贸市场。2005 年，彭阳县交通局投

长城村集贸市场（2019 年） 张俊仓 摄

资 30 多万元，对市场街道路面进行硬化。2006 年，对街道两旁进行绿化美化。2014 年 5 月，对街道排水沟进行维修。现长城集市每三天一集，即农历每月逢一、四、七日开集。旺季集市人流量可达 5000 多人，日交易额 10 万多元。

2018 年年底，长城集贸市场常住个体工商户 97 家，包括百货零售、水产肉蛋零售、餐饮、服装零售、中药零售、果蔬批发、农副食品加工、五金批发、汽车摩托维修、通信、影印、货运、居民服务等。

赶集（2017 年） 罗致平 摄

扯布（2017 年） 罗致平 摄

物资交流会　长城村不定期举办物资交流大会。物资交流会源于古庙会和骡马交流会，分官办、民办两种。民国时期，长城村已有白马庙庙会和骡马交流会。解放后，骡马会演变为物资交流会。1981 年举办首届长城物资交流大会。1982 年、1983 年又连续举办两届物资交流大会。2005 年，长城村文化广场竣工。2006 年起，经村民评议，决定连续举办三届物资交流大会。民间以单数为吉，大型活动都是连办三年，不能间断，期满后，视情况连续或者间断举办。

相传每年农历四月初一为白马庙白马天神寿诞。2005 年始，物资交流大会与庙会同时举办，为期一周。除物资交流外，还不定期举办各种文化娱乐活动。每逢物资交流大会，临时搭起的食堂、货棚、摊点排成长龙，秦腔、杂耍助兴演出，人来人往，摩肩接踵，热闹非凡。

文化建设

长城村历来重视村民的文化体育活动，注重寓教于乐，以村民喜闻乐见的形式开展各种文体活动。长城村村民自发组织成立秦艺团、绣娘舞蹈队等文艺队伍。

秦艺团　秦腔是长城村群众最喜闻乐见的剧种。20 世纪 60 年代，长城大队成立秦剧团，演出样板戏。1978 年后，剧团开始演出《铡美案》等传统剧目。2004 年，长城村“两委”（村党支部委员会、村居民委员会）多方筹措资金 13 万元，建成戏楼。2005 年，剧团在蔺聪荣、瓮金鼎、杨佩升等爱好者组织下改称“长城村自乐班”。为鼓励民间文艺活动，彭阳县文化馆为自乐班捐赠板胡、二胡、锣、鼓、电子琴等乐器。2014 年，

村民看秦艺团演出（2017 年）　　罗致平　摄

秦艺团乐队（2017 年） 罗致平 摄

自乐班更名为“长城村秦艺团”。县文广局为剧团配送更新了一批器材。剧团自成立后，经常在乡间、庙会时为当地村民免费演出，还在县内其他乡镇巡回演出，广受欢迎。冬闲时节，剧团集中排练，演艺水平逐年提高。2005 年起，剧团每年农历四月初一开始，在长城戏楼唱 5 ~ 7 天大戏，成为长城村的传统和品牌。剧团成立初期，成员只有几人，后发展到十几人。截至 2018 年，剧团老中青三代 25 人，中青年演员 3 人，老一辈演员有杨巨珍、杨佩升、蔺聪荣、曹建军、瓮金鼎、白占祥、蔺建国等。唱本子戏作为剧团的特色远近闻名，代表作有《铡美案》《八件衣》《五典坡》《大拜寿》等，折子戏有《杀庙》《花亭相会》《烙碗计》《祭灵》《卖妙郎》等。近 10 年来，剧团多次参加全县秦腔比赛并获奖。2009 年，在庆祝中华人民共和国成立 60 周年彭阳县老年人秦腔比赛中，蔺聪荣获一等奖，瓮海兰获三等奖；2011 年，在彭阳县第四届文化艺术月中，蔺聪荣获秦腔大赛清唱优秀奖；2012 年，在彭阳县第五届文化艺术月中，蔺聪荣获秦腔大赛清唱一等奖；2015 年，在固原市群众秦腔大赛中，蔺聪荣获优秀奖；2017 年，在彭阳县“喜迎十九大、齐心奔小康”暨“迎国庆、度中秋”秦腔折子戏比赛中，秦艺团选送的《杀庙》获一等奖；2018 年 9 月，在彭阳县第九届文化艺术月中，秦艺团选送的折子戏《卖妙郎》获一等奖，崔辉获个人清唱一等奖，李玉娥、巨虎琴获折子戏表演一等奖。

绣娘舞蹈队 2016 年 4 月，在白庙韩志莲的带领下，长城绣娘舞蹈队组建，舞蹈队共有18位成员，均为刺绣爱好者，年龄最长的祁秀珍76岁。舞蹈队发挥成员所长，农闲时刺绣、编织，天气晴好的晚上排练节目、跳广场舞。舞蹈队所用音响、灯光、衣服、手帕、扇子等均为自购，队员集中在一起，欢声笑语不断，既锻炼了身体，又增进了感情。2017年，舞蹈队表演的《红红的对联火火的歌》在长城村、涝池村、白岔村联合举办的长城塬"欢度国庆中秋佳节、喜迎十九大"广场舞比赛中获二等奖。为展示队员刺绣、编织成果，韩志莲专门腾出一间屋子陈列风景画、人物画、枕头、枕巾、肚兜、鞋垫、棉鞋、布鞋、拖鞋、串珠摆件、山桃核垫等作品。除绣娘舞蹈队外，赵岭居民点、蔺塬组的妇女也自发组织舞蹈队并利用农闲时间演出。

中老年活动室 2017年，韩占良、蔺建春将彭阳县金凯杏子营销农民专业合作社一间办公室腾出，免费供长城村的十几位中老年乒乓球爱好者使用，乒乓球桌由合作社赞助。2018年，为方便更多人参与活动，蔺建春、蔺明春将位于长城街道的自家房子腾出来，作为中老年活动室免费提供给村民活动。活动室内设一张由村委会赞助的乒乓球桌，板凳若干，可举行乒乓球、象棋、扑克等活动，人数最多达50多人。每逢周末或学生放假，年长者就把场地让给孩子们打乒乓球以供娱乐。长城村十几位50岁以上的乒乓球爱好者，定期自发组织乒乓球比赛，这在彭阳县内尚属首例。

移风易俗 长城村实施思想道德建设、民主法治建设、移风易俗、基层文明创建、文化引领"五大工程"，建立村规民约、红白理事会、村民议事会、道德评议会、禁赌禁毒会"一约四会"组织，加强农民群众自我管理、自我教育。倡议村民树新风倡节简，做到婚事新办，响应集体婚礼、旅游结婚等新风尚，不大操大办；做到丧事简办，厚养薄葬，简化仪式、缩短时间、控制规模，提倡公墓、火葬等文明丧葬；做到乔迁、庆生、祝寿、子女上学、参军等事宜尽量不办，如果要办，则要将人员范围控制在本家家属以内，做移风易俗的"文明人"。自觉遵守"一约四会"等村民自治组织章程，支持配合村民自治组织工作，做移风易俗的"老实人"。自强不息、自力更生、发展产业、勤劳致富，不等靠要、不偷懒，大力发展致富增收产业，发挥脱贫攻坚生力军作用，早日脱贫致富奔小康，做移风易俗的"致富人"。组织开展互评互比活动，自觉养成讲卫生、爱环境的良好习惯，树立"长城是我家，环境靠大家"的主人翁意识，像爱护自己家一样爱护城乡环境，拿出打扫自家卫生的劲头来清洁家乡家园，不乱搭乱建、不乱堆乱放、不乱排乱倒，垃圾入池入箱，清理田间地头的白色污染，自觉参与环境整治，做移风易俗的"干净人"。积极配合支持民生工程、公共服务、项目建设，不见利忘义、不漫天要价、不阻挠施工，主动配合征迁等各项工作，严格按照信访事项办理流程，正确表达诉求，不闹访、不缠访，做移风易俗的“明理人”。党员干部带头树立文明风尚，带头弘扬社会正气，带头破除陈规陋习，带头抵制高额彩礼，带头响应“零彩礼”“低彩礼”，带头节俭办理婚丧嫁娶事宜，做移风易俗的“带头人”。

控制宴席规模和档次，婚姻彩礼一般在6万元以下；迎娶车队提倡“一小一大”（一辆小轿车，一辆大客车），最多不超过6辆；丧葬活动时间控制在3天以内；宴席控制在10桌以内，提倡一人一碗烩肉；在家自请厨师操办，每桌不得超过500元（含烟酒）；在酒店操办，每桌不得超过700元（含烟酒）；礼金控制在50元以内。

为杜绝陈规陋俗，长城村自编移风易俗顺口溜、移风易俗三字经。

移风易俗顺口溜

革除薄养厚葬　倡导孝老爱亲

革除大操大办　倡导节俭持家

革除封建迷信　倡导科学精神

革除宗族派系　倡导邻里和睦

革除坐等靠要　倡导勤俭致富

革除无理缠访　倡导依法维权

移风易俗三字经

新时代　风尚高　婚喜事　简办好

讲文明　树新风　不攀比　无烦恼

生厚养　丧简办　破迷信　恶习抛

改殡葬　革陋习　环境美　心情好

不铺张　不浪费　好传统　人人晓

为子孙　要环保　好生态　乐逍遥

社会建设

长城村村民尊师重教，勤学苦读，知识改变命运的理念深入人心，代代相传。民国年间就兴办学校，育化桑梓，传道授业。文明乡风、淳朴民风、良好家风浸润塬上。1964年，花园组的张俊才以优异成绩考入宁夏大学，成为彭阳县解放后第一代大学生。2004年，乔渠赵文忠高考获彭阳县文科状元。

长城村小学和幼儿园（2019 年） 张俊仓 摄

幼儿园 2001 年，乔渠瓮小贤从固原民族师范学校毕业，萌发创办幼儿园的想法。2004 年，瓮小贤在长城街道租房 230 平方米（含儿童活动区域 150 平方米）开园招生，当年招收 4 ~ 6 岁儿童 25 名，由其父瓮金鼎管理，瓮小贤授课。2006 年，长城村按照“整合资源、突出优势”的思路，整合私立幼儿园，建立长城幼儿园，43 名儿童转入长城幼儿园，瓮小贤继续在幼儿园任教一年。该园是彭阳县境内第一所村级公立幼儿园，第一任园长韩清礼。长城幼儿园附设在长城村完全小学，占地面积 1580 平方米，建筑面积 800 平方米。幼儿园设 4 个教学班，配有幼儿教师 4 名，开设课程包括语言、数学、社会、科学、美术、手工、健康等。2018 年，在园幼儿 39 名，其中女孩 17 名。

完全小学 长城村完全小学，前身是镇原县马渠镇第十二保中山国民学校花园子小校，庄头推举学董管理学校，负责学校建设和教师待遇。解放后，为方便统一管理，改为花园子初小。1958 年，花园子飞地划归原固原县（今彭阳县）管辖，和平队、长坪队、星光队合并为长城大队，花园子初小改称花园子小校。1969 年，村辖各组办耕读学校陆续并入花园子小校。1970 年更名为长城小学。学校现位于长城街道东头，与村委会毗邻，占地面积 15800 平方米，建筑面积 3096 平方米。教学设备齐全，有标准的科学实验室、准备室、仪器室、计算机室、图书室、音乐室、美术室、综合实践活动室、保健室等功能室，教学设备全部达标。

1990—2018 年，学校先后通过贫困Ⅱ项目、澳援项目、国家义务教育工程和长引工程项目筹得资金，对校舍改扩建，改建平房 10 栋，其中教室 6 栋，办公室 1 栋，职工宿舍 3 栋。2004 年，新建占地 500 平方米的 2 层教学楼 1 栋。学校以职工集资、社会捐款等方式筹措资金 60 多万元，对学校进行了硬化、绿化、美化。

2018 年年底，有教学班 6 个，在校学生 137 人，其中女生 72 人。在任教职工 15 人，大学（大专）以上学历 14 人，县级骨干教师 2 人，骨干教师占专任教师比例 13.3%。图书 6500 册，生均 34 册，教学仪器设备总价 62.35 万元，生均 3264 元。学生用计算机 42 台，生机比为 4∶1，普通教室均安装了电子白板教学设备。2011—2013 年连续三年被城阳乡党委、政府评为优秀学校，2012—2013 年连续两年在全县综合考核中被评为先进集体。

长城中学　1976 年，成立长城中学。1980 年，并至城阳中学，设初一、初二两个年级，成立初期附设在长城小学，又称“戴帽中学”。

卫生室　2006 年 7 月，长城村卫生室成立，是城阳乡卫生院下属的村级卫生防疫保健机构。卫生室位于村部院外，有药房 1 间，诊室 2 间，防保员 2 名。2006 年，由彭阳县拨款统一建设，并配备相应的医疗设施，包括病床、听诊器、血压仪、

镇原县马渠镇第十二保中山国民学校花园子小校门牌（2019 年）
张生祥　摄

村卫生室（2019 年）　祁悦章　摄

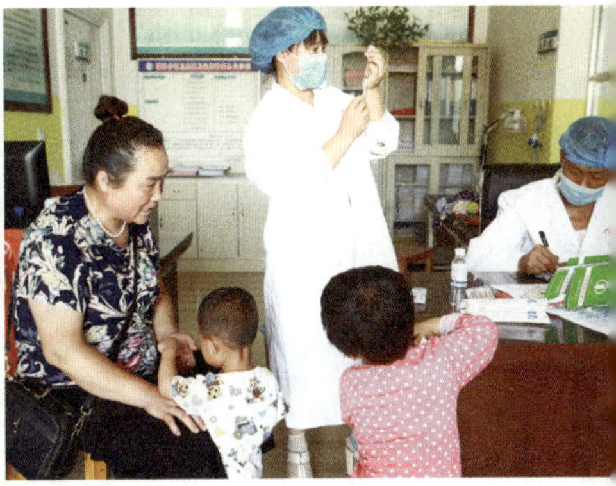

村医给村民看病（2017 年）
罗致平　摄

体重秤等。2015 年新建标准化卫生室。2017 年起，每家每户签约家庭医生，享受由家庭医生免费提供的健康咨询、体检、检查、转诊等服务。享受逐级转诊服务，住院时可免去挂号、排队、预约床位，住院后优先检查、治疗等，需转院治疗的通过办理转诊手续即可享受相应优惠政策。

信息服务站 2004 年，中共彭阳县委组织部向长城村赠送计算机、音箱及打印机等一整套自动化办公设备，长城村成为全县首个具备自动化办公条件的行政村。2007 年，长城村新农村信息化服务站正式成立，是全县 10 个信息化服务试点村之一。是年，中国移动公司为村里免费配备农村信息机，利用中国移动通信的手机网络为村里搭建信息服务平台。2008 年 7 月，中国电信公司正式为长城村开通无线宽带网络，长城村成为全县首个通宽带的行政村。

大学生创业园 2011 年，位于长城村的彭阳县大学生创业园建成运行。大学生科技创业园以珍稀食用菌杏鲍菇生产为主，集成杏鲍菇无公害化、工厂化、周年化生产技术体系，年产鲜菇 260 万千克，实现产值 2000 万元，纯收入 205 万元，把农民培养成产业工人，吸收 300 名贫困农民在园区打工，实现年创收 200 万元。创业园初步探索出杏鲍菇周年化生产技术和利用杏鲍菇废料种植鸡腿菇的循环生产模式，推进了菌草产业优化升级和可持续发展。打造出“六盘山珍”食用菌品牌，被授予宁夏名牌产品称号，杏鲍菇、鸡腿菇荣获国际金奖。

生态建设

长城村不断加强生态建设，改善生活环境，初步实现山变绿、水变清、人变富、环境变美丽，人与自然和谐发展。

治理模式 以小流域为单元，山水田林路统一规划，梁峁沟坡综合治理，工程、生物、耕作措施相配套，乔灌草种植相结合，抓点带面，整体推进，走出了一条适合当地实际，独具特色的生态建设之路。20 世纪 70 年代，推行“三三制”生态治理模式，即农、林、牧各占 1/3；“1335”家庭生态单元治理模式，即户均 1 眼井窖，人均 3 亩基本农田，户均 3 头大家畜，人均 5 亩经济林。20 世纪末至今，实施“山顶沙棘、柠条、山桃戴帽，山坡地埂两杏缠腰，庭院四旁广种核桃、花椒，河谷川台规模发展苹果、梨、桃、杨、柳、椿、槐下滩进沟上路道，土石质山区封造结合，针阔混交”生态治理模式。

治理措施 20 世纪 70 年代，普遍推行山坡地鱼鳞坑、平地网格坑、集水窝等造林措施。1994 年，使用“88542”隔坡反坡水平沟抗旱工程整地标准。2002 年 3 月，停止耕种易造成水土流失的坡耕地，按照适地适树原则，统一规划。坡耕地退耕还林，宜林荒山荒地造林。2003 年 5 月，实行封山禁牧，生态建设由治理型转变为保护与治理并重。2010 年，长城村引进生态、经济效益兼备的红梅杏，种植 4000 多亩，经济效益可观，可在庭院四旁、平原地区规模发展，为生态治理探索出新路子。

治理成效 2018 年年底，彭阳全县林木累计保存面积 203.87 万亩，森林覆盖率由建县初（1983 年）的 3% 提高到 27.5%，治理程度由建县初的 11.1% 提高到 76.3%。“88542”工程整地带长度可绕地球三圈半，被国际友人冠以“中国生态长城”的美誉。彭阳县被授予“全国造林绿化先进县”“全国生态建设先进县”等称号。长城村被“美丽乡村博鳌国际峰会组委会”授予“2019 中国最美乡村”称号。

2001—2019 年长城村所获荣誉一览表

表 1

序号	颁奖时间	颁奖单位	奖项
国家级荣誉			
1	2005 年 10 月	中央精神文明建设委员会	全国创建文明村镇工作先进村镇
2	2006 年 10 月	共青团中央组织部	全国“千百乡村”团建创新优秀项目
3	2019 年 12 月	美丽乡村博鳌国际峰会组委会	2019 中国最美乡村
自治区级荣誉			
1	2001 年 12 月	中共宁夏回族自治区委员会、宁夏回族自治区人民政府	全区文明村
2	2004 年 6 月	中共宁夏回族自治区委员会	全区先进村党支部
3	2005 年 1 月	宁夏回族自治区建设厅	全区农民新居建设先进村
4	2006 年 10 月	宁夏回族自治区体育局	全区实施“体育下乡篮球进村”工程先进行政村
5	2010 年 1 月	宁夏回族自治区精神文明建设指导委员会	全区 2010—2014 年度文明村

魅力长城塬（2019年）

杨巨辉　摄

大地乐章（2019 年）　　杨效宗　摄

村民生活

本篇涵盖长城村村民日常生活的方方面面。收入与支出的变化见证生活水平逐渐提高，村民逐渐富裕，衣食住行彰显村民生活发生的巨大变化。党和国家的各项政策保障每一位村民“幼有所育、学有所教、劳有所得、病有所医、老有所养、住有所居、弱有所扶”。那些富有地方特色的生产生活用具和票证一遍遍地诉说着长城村村民自己的故事。

◉ 收入与支出

主要收入 改革开放前，出售小麦、胡麻等农作物和缴售生猪、生鸡、鸡蛋是长城村村民主要的经济收入来源。受自然条件限制，粮食产量低而不稳，村民挣扎在温饱线上，种植的粮食经常不够食用。村民中一些手工艺人，则走乡串户，干活赚钱，补贴家用。改革开放以后，随着产业结构调整不断深入，种植结构由单一的粮食作物（小麦）变为以经济作物为主的新模式，大量种植玉米、三角豆（洋豌豆）等。村民家中粮食充足，经济宽裕。同时，村里逐步发展小规模畜牧养殖以增加收入。进入 21 世纪后，红梅杏、菌草、中药材等产业大力发展，村民农业收入逐渐提高，生活水平大幅提升。党的十八大以来，在党和政府的引导支持下，长城村红色文化、历史文化、农耕文化吸引大批游客，旅游业发展带动红梅杏、菌草、农家乐、非物质文化产品等产业的发展，成为村民收入新的增长点。

除此之外，工资性和补贴性收入也是长城村村民家庭收入的主要来源。2018 年，全村农民人均可支配收入达 10210 元。

基本支出 长城村家庭经济支出主要包括：教育、医疗及其他生活性消费。2005 年，长城村村民开始享受“两免一补”九年义务教育优惠政策，学龄前幼儿入园、高中以上教育支出占家庭教育支出的主要部分。随着农村医保制度不断完善，农民医疗负担减少，贫困家庭因重大疾病致贫返贫概率降低。现代化设施和商品消费逐渐成为村民的

电商服务站（2019 年）

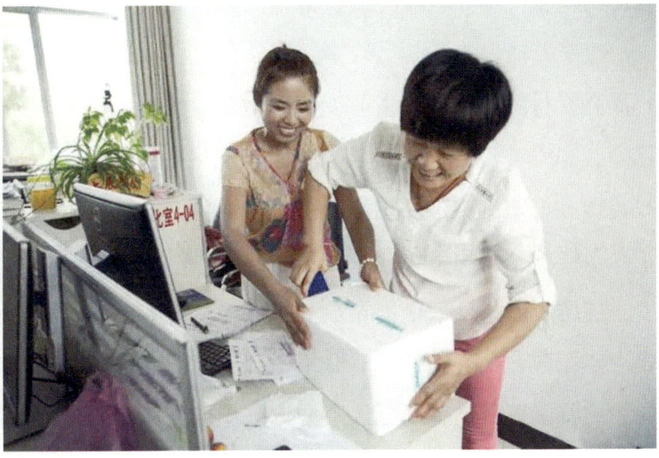
电商产品打包（2019 年）

重要支出，新建改扩建房屋，购置家用电器、交通工具，更换通信设备，丰富衣食住行等较高层次消费逐渐增加。随着物质丰富，村民对精神文化的需求也在增加，文娱、旅游等“软消费”不断升温。

◉ 衣食住行

服饰 长城村属北方服饰范畴，改革开放以前服装以皮袍、长裤为主要款式，冬夏装有明显区别。冬季气候寒冷，普遍着毛、皮衣物。夏季服装颜色多淡雅醒目，以清爽亮丽为美。长城村村民现代穿衣风格，继承创新，中西结合，式样繁多，色彩丰富，突出实用性、装饰性。由大襟、对门襟衣到中山装、列宁服、军干服、西装、休闲装、夹克衫、T 恤衫等，钱少穿呢子，钱多穿皮子。裤子由大裆小管裤到喇叭裤、健美裤、筒裤、牛仔裤、老板裤等，花色款式多样。解放前的袍子，仅作寿衣使用。

现在，村民穿着既讲究又随性，分季节、场合，选择多样，款式新潮，家家衣柜都放满衣服。改变了“大孩穿完小孩穿”的窘迫生活状况，实现了“由穿不烂不下身，到不新潮就不穿”的彻底转变。

饮食 解放前，村民生活困难，精细小麦不多，蔬菜少有，主要以洋芋、糜子、谷子、燕麦（莜麦）、荞麦、玉米等杂粮为主食，蔬菜只有白菜、萝卜、野菜等。村民无力养猪，常年难见肉食，小麦面算上等食物，只在逢年过节、婚丧嫁娶摆宴席时才能吃上肉类、白面。解放后至 20 世纪 80 年代，实行集体化耕作，粮食统一耕种、统一分配，食物结构变化不大，村民以吃饱为目标。

改革开放以来，实行农业生产责任制，土地承包到户，村民自主种植，粮食产量逐年提高，村民食物结构发生变化，粗粮变细粮，小麦面为主杂粮为辅，蔬菜、肉类品种增多。2002 年，退耕还林还草工程全面启动，长城村自然环境越来越好，村民生活水平日益提高，饮食更加注重营养搭配、绿色健康，秋杂粮再一次成为餐桌上的常客，形成了以多样秋杂粮为特色的饮食习惯。

住房 改革开放以前窑洞是长城村村民的主要住所，只有条件稍微好的个别家庭建盖土木结构住房。解放前，仅有乔渠赵家建盖二层土木结构阁楼。20 世纪 60 年代，村民生活普遍贫困，除家庭人口增长挖新窑洞外，很少新建房屋。70 年代，陈庄袁家和花园曹家、赵家分别在自家庄院建盖土木结构房屋。

蔺塬居民点（2019 年）　　张俊仓　摄

20 世纪 90 年代以后，村民逐渐选择外出打工，经济情况有所改善，有的加固窑洞时把崖面用砖砌起来，有的搬迁到塬上新建房屋。1992 年，外出打工回乡的村民崔兴宏第一个把家从山里搬到塬上，建盖起三间土木结构的瓦房。随后，村民开始大批在塬上建房，大多为土木结构瓦房。2001 年，长城街道改扩建，蔺塬、赵岭居民点建设完成。2005 年，彭阳县开始实施宁夏回族自治区（全国试点）危窑危房改造项目，村民陆续搬到塬上，住进砖木结构瓦房。在塬畔居住的村民，各家院里也建盖起砖木结构的瓦房。2014 年 6 月 5 日，自治区制定印发《宁夏农村危窑危房改造实施方案》，长城村按照《宁夏危房改造最低建设要求》和《固原市农村危房危窑改造图集与技术导则》建设标准执行，房屋设计体现地方特色，砖木结构，红砖红瓦或红砖蓝瓦，水泥砂浆砌筑，混凝土

住宅大门（2018 年）　　祁悦章　摄

浇筑构造柱和上下圈梁，确保达到8度抗震设防标准。2018年，彭阳县出台农村危窑危房改造实施方案，维修加固一批、群众自建一批、政府代建一批、购房安置一批、租赁补贴一批、周转房安置一批、易地搬迁一批、政府帮建一批、有偿拆除一批。居民可自愿选择窑洞加固改造：窑洞内壁地面设置砖脚支撑钢筋混凝土内壳，设置钢筋网喷射细石混凝土；窑顶加固，设置卷材防水层。2010—2018年，长城村共有273户危房、30户危窑享受危房改造政策。

伴随生态移民和高校就业移民、自主创业移民等人口转移，部分长城村民进城购买商品房，只有少数老年人选择居住在老家窑洞。

出行

道路 解放前，长城村只有简易公路。彭阳建县以来，致力于公路建设，形成以县城为中心，国道G309、G327和省道S70、S202为主骨架，境内县、乡、村公路为脉络，流域道路为补充的公路网络。2004年，建成陡坡财神崾岘至城阳村转湾经长城塬四级公路20千米。2007年，修建长城塬经草庙乡和沟至赵沟四级公路17.1千米。2008年，修建刘塬经长城塬至城阳乡街道四级公路24千米。2008年，财神崾岘至转湾四级公路全部水泥硬化。2015年，长城塬至城阳乡街道、四塬（孟塬、徐夏塬、刘塬、长城塬）一线全线通柏油马路。2018年年底，长城村所有村组道路硬化全覆盖。

财神崾岘至转湾途经长城塬的乡级公路（2018年） 杨巨辉 摄

村民乘客运车出行（2019 年） 张俊仓 摄

客运 20 世纪 50 年代以前，村民出行主要靠步行、畜力和畜力木轮车。50 年代初，开始有胶轮马拉大车，80 年代逐渐淘汰。1993 年，陈庄村民袁志和购入一辆三轮摩托车，开始在长城村和彭阳县城之间跑客运，票价 3 元 / 人。1996 年，金岔（今属乔洼）祁志成购入一辆老式北京吉普车（群众称“大屁股”）跑城乡客运，票价 3 元 / 人。长城村村民出行进入“以车代步”时代，两辆“客车”从长城街道发车，一辆向东经白阳镇陡坡村到县城，一辆向西经城阳街道到县城。2003 年，随着村民出行需求增加，袁、祁二人将车换成载客量 19 人的宇通客车，极大提升了村民的出行条件。2007 年开始，两辆客车归属彭阳县公交公司统一管理。2008 年，19 座客车换成 30 座少林大客车，加开第三辆班车，每天往返 8 趟，并更换为燃气循环车，村民出行更加环保、便捷。

自驾 20 世纪 70 年代后期，长城村家用自行车逐渐增多，手扶拖拉机、三轮农用车开始使用。90 年代后，两轮摩托车兴起，基本每户一辆。进入 21 世纪后，村民开始购买汽车，出行更加便捷。

◉ 社会保障

脱贫攻坚

彭阳建县以来，历届县委、县政府牢牢把握国家扶贫开发历史机遇，不断深化县情认识，努力探索发展道路，逐步改善贫穷落后的面貌。2001 年，长引工程基本落实，长城村平整改造水浇地 7000 余亩，新建 2 个居民点，移民搬迁山区群众 90 余户，全村实施土地调整。同时调整产业结构，推广地膜覆盖种植等新技术。到 2005 年，村民收入明显增加，大部分村民开始离开窑洞和旧庄院，在塬上建盖新房，长引工程扶贫效应明显实现。2019 年 4 月 26 日，自治区政府第三十四次常务会议通过《关于隆德县、泾源县、彭阳县退出贫困县序列的报告》，同意隆德县、泾源县、彭阳县正式退出贫困县序列。

建档立卡　2014 年起，长城村严格按照户申请、组提名、入户查、村初评、乡复核、县审批、三公示、一公告、系统管、动态调建档立卡识别流程“十步法”，于 2014 年年底识别建档立卡贫困户 227 户 921 人，当年脱贫 21 户 72 人；2015 年年底脱贫 51 户 190 人；2016 年新识别和原保留建档立卡贫困户 179 户 685 人，年底脱贫 145 户 590 人；2017 年 5 月新识别 2 户 7 人，共有建档立卡贫困户 44 户 138 人，年底脱贫 41 户 124 人，未脱贫 3 户 14 人；2018 年因病返贫 2 户 7 人，新识别 2 户 5 人，未脱贫 7 户 26 人，贫困发生率控制在 0.71%，达到国家脱贫标准。

“两不愁三保障”　为实现精准脱贫，长城村严格落实最低生活保障、特困人员供养、高龄补贴、孤儿养育、临时救助、自然灾害救助、残疾人两项补贴等制度保障居民基本生活，进行农业供给侧结构性调整、产业扶持、精准教育扶贫、健康扶贫、危窑危房改造、移民搬迁等政策，确保贫困户达到“两不愁三保障”（农村贫困人口不愁吃、不愁穿，农村贫困人口义务教育、基本医疗、住房安全有保障）。2018 年，全村有低保

住房安全有保障（2018 年）　　杨万忠　摄

户 148 户 317 人，残疾人家庭 81 户 122 人。最低生活保障标准（简称低保标准）分类发放 A 类 320 元 / 月・人，B 类 260 元 / 月・人，C 类 190 元 / 月・人。困难残疾人生活补贴 100 元 / 月・人，重度残疾人护理补贴 80 元 / 月・人。对建档立卡贫困户家庭主要成员完全或部分丧失劳动能力的“两无”（无业可扶、无力脱贫）对象，实行政策性兜底。

2018 年，全村安排建档立卡贫困户公益性岗位 54 人，人均年收入 10000 元；成立村股份经济合作社，实现村集体经济收入 2.8 万元，建立村级互助担保基金中心，年创收 8 万余元，村级共收入 10.8 万余元；全村在校学生 662 名（大学 132 名、高中 142 名、初中 178 名、小学 210 名），入学率达 100%，不存在因贫困导致义务教育阶段学生辍学现象；基本医疗保险缴纳 3625 人，实现全覆盖，家庭医生签约全覆盖；危窑危房改造 75 户，县内移民 18 户 74 人，安全住房达 100%。

扶志扶智 长城村坚持扶贫与扶志、扶智相结合，利用党员大会及新时代农民讲习所，大力弘扬社会主义核心价值观，扎实推进民风建设，充分发挥“一约四会”作用。广泛宣传国家方针政策，邀请村内致富光荣户、身边党员致富带头人向群众宣传致富经验。截至 2018 年，累计表彰卫生光荣户、脱贫光荣户等先进典型 13 名，通过树立典型，激发贫困群众内生动力，自力更生，发展产业，勤劳致富，脱贫摘帽。

新农合 解放前，长城村医疗卫生条件较差。中华人民共和国成立后，医疗卫生事业得到发展。1969 年年底，农村生产大队兴办合作医疗，村民个人集资每年每人交 1 ~ 2 元，再从生产队、生产大队公共积累中提取一部分经费，共同作为合作医疗经费。村民按就诊药费标准，低于规定标准者免交，高出规定标准的部分自理。1980 年后，合作医疗制度逐渐废止，村民看病药费、治疗费一律自理。2005 年 11 月，彭阳县开始实施新型农村合作医疗（以下简称新农合）。政策下达后，长城村“两委”全体成员按照各自负责的自然村，和各小组队长一起挨家挨户地向群众宣传讲解新农合政策的好处，动员全体村民参加新农合。自 2007 年起，长城村参合率达 100%。2016 年 7 月 1 日起，参保人员全面使用社会保障卡就医结算。

建档立卡贫困户按照“三个一批”（大病集中救治、慢病签约服务管理、重病兜底）管理，对因病致贫、因病返贫的建档立卡贫困人口按照彭阳县健康扶贫优惠政策进行帮扶。

新农保 即新型农村养老保险制度，是国家为每个新农保参保人员建立终身记录的养老保险个人账户。2018 年长城村实现新农保参保率 100%。2018 年缴费档次分为

100 元、300 元、500 元、1000 元、2000 元、3000 元 6 个档次，财政补助标准分为 30 元、50 元、70 元、120 元、200 元、320 元。参保人员每年自主选择一个缴费档次缴费，多缴多得。对无劳动能力、无生活来源、无法定赡养义务人或其他法定义务人无履行义务能力且符合参保条件的残疾人，由县级人民政府民政部门按照 100 元缴费标准代为缴纳，同时享受 30 元的财政补贴；对年满 60 周岁未参加居民基本养老保险或缴费不足 15 年的特困人员，由县级人民政府民政部门按照 100 元缴费标准补缴至满 15 年；对重度残疾、低保家庭等特殊群体，按照每人每年 100 元缴费标准给予全额或部分缴费补贴；对建档立卡未标注脱贫的贫困人口，三级和四级智力、精神、视力残疾人，参加居民基本养老保险且未领取居民基本养老保险待遇的，按每人每年 100 元缴费标准给予全额缴费补贴，同时享受 30 元财政补贴；对就业困难，至今仍未参加养老保险的居民，由县级人民政府按照每人每年 100 元缴费档次代为缴纳，纳入居民养老保险范围。特殊群体缴费补贴每年只能享受一次，不得重复享受。

饮水保障 解放前，长城塬十年九旱，村民用水十分困难，村民生产生活用水依赖塬畔下深沟的地缝泉眼中滴出的“泛水”。其中流量较大的有小寺沟泛水泉、蔺塬吴岔

村民去沟道驮水（2017 年） 祁悦章 摄

长引工程管道（2019 年） 李晓玲 摄

沟泛水泉和乔洼白岔沟泛水泉。村民每天到沟道，将水一瓢一瓢刮到桶里，用驴驮回家，收集在缸里，往返一次通常花费好几个小时。长城村村民十分珍惜水资源，极渴时才喝水，所以练就了耐渴的“本领”，直到现在，年事较高的老人也没有随时喝水的习惯。通常，早晨起床后，洗脸盆里舀一瓢水，全家人轮流洗脸，洗脸水再用来洗手或作他用。每逢下雨，村民便利用各种器皿收集雨水。每到三九天或三伏天，极寒极旱时，沟道里的水被冻住或几近枯竭，村民吃水就更加困难。因此，长城塬上流传着这样一句顺口溜：“长城塬，吃水真可怜，三伏三九不得闲，大人娃娃满沟跑，这里刮一点，那里刮一点，常天刮的刚够洗了个脸。”

解放后，长城村先后打出乔洼马庄井、白庙白岔壕掌井、白庙邓家壕井、乔渠山畔壕井、乔渠壕井、小寺牛家井、乔渠乔家井、李家井、赵家井等水井，缓解了村民生产、生活用水困难。1990—1996 年，从城阳乡城阳村大庄沟水库引水上塬，缓解了部分村民的饮水问题。2003 年长引工程投入使用，从根本上解决了长城塬村民缺水困难。2005 年，彭阳县实施集雨场项目，县水利局分配给长城村 100 个名额，修建面积不小于 100 平方米的集雨场，并投入使用。同年，陈庄村民刘俊义打下第一口井后，花园白家、长城小学、蔺塬蔺家、乔渠翁家也相继打下机井供村民有偿饮用。2012 年，从县城老油面厂机井水塔引水上塬，沿道路两侧的居民率先通上自来水。2017 年，小寺组通自来水后，长城村实现自来水全覆盖。

◉ 老物件

生产用具

刃镰　主要用来割麦子的生产用具。木质镰刀架，手柄有弧度，安装好刀刃便可使用。镰刀通长 60 厘米，刃架宽 28 厘米，手柄长 12 厘米，手柄截面呈方形。

刃镰、夹镰、斧头

夹镰　主要用来割草、砍玉米秆等粗硬秸秆的生产工具。

斧头　主要用来劈柴或钉钉子的生产工具。

四铆犁　专门用来翻地、播种的农具。一般由犁辕、犁头、犁箭、犁铧、掌首、壁土等组成。巷式犁又分三铆、四铆犁。三铆犁分铁犁辕、木犁辕两种；四铆犁呈“井”字形，是“二牛抬杠”古老耕作方式使用的木犁。

拥脖　绑在骡、马、驴脖子上，套绳时保护牲口免受伤害的用具。拥脖呈“Ω”形，中间细，两头粗，外面用皮革缝制，内装棕树皮或麦草，再包上布和皮草缝制而成。

鞍　按用途分为驮鞍、骑鞍两类。驮鞍又可分为驮货鞍、驮水鞍、驮粮食鞍三种。

驮货鞍，长途驮运货物的鞍子。木制，半椭圆形。驮货物时鞍子下面要垫上软垫子，鞍子上还要搭上专绑货物的木架子，形状和驮水鞍相似，椭圆形。

驮水鞍，用 4 根长约 40 厘米的方形木料交叉后，再用每边 3 根长方形木料凿眼套在一起制成。两只水桶（原先多是木板箍成，后用铁皮制成）用一根木棍串在一起，放在驴、马背上的水鞍上。

驮粮食鞍，3 根平行的木料比水鞍长，方便架放粮食口袋或粮食垛。

骑鞍，专门供人骑乘的鞍子。骑鞍多由整块木料掏、凿、铲、磨而成，形似驼峰，前峰高，后峰低，中间半椭圆形。骑鞍也称马鞍，自古有“人靠衣装马靠鞍”的俗语，所以村民制作的马鞍都很精细，有时鞍上会装饰华美的饰物。与马鞍配套的还有马镫、

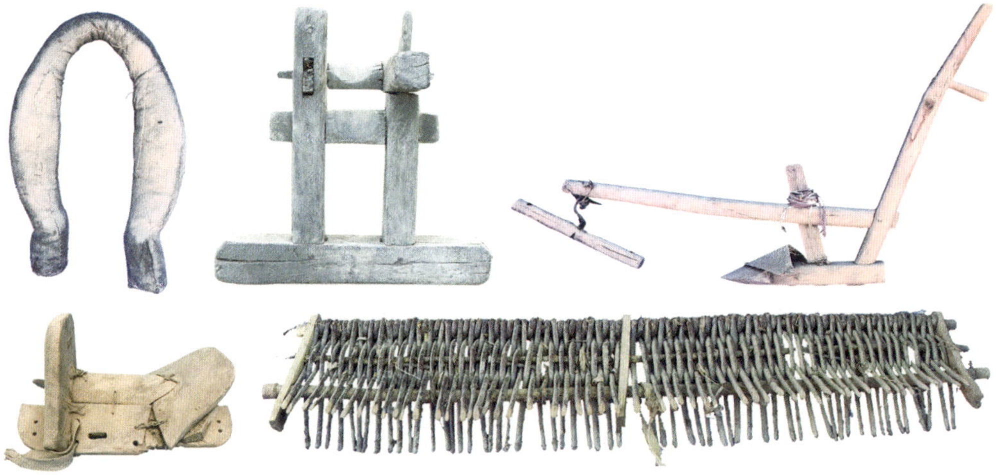

生产用具（从左往右，第一排：拥脖、驮水鞍、四铆犁，第二排：骑鞍、耱）

肚带、后丘垫子等。

耱 用荆条编成，用来打破地表结板，耱碎土块，拢平地表，保墒土壤的农具。耱长约 2 米，耱前挂套绳，耱后露叉齿。一对牲畜拉动，人站在耱上叉开双脚，赶牲畜前行耱地。

碌碡 石制打碾生产用具。圆柱形，中间微鼓，大小不等。横截面中间凿成方形石眼安放铁制机窝，安装双拨枷或单拨枷。以前用牲力拉动碌碡打碾脱粒，现多用机械带动打碾。碌碡一般长约 55 厘米，肚径约 40 厘米。

笼 用荆条、竹子、席芨等编织而成的农具，一根弯木作笼提梁，用荆条、竹子、席芨编笼身，圆形实底，敞口，高约 30 厘米，用作担土、挑粪等。小型笼用于盛运蔬菜、少量粮食等。

扁担 扁长形木头制成的生产用具，长约 180 厘米左右，两头打孔安上扁担钩，挑笼，挑运东西。

驮水桶 用木板箍制或铁皮卷制而成，截面呈椭圆形。一般长约 20 厘米，宽约 30 厘米，高约 50 厘米。

铡子 用来铡草的生产用具。

铡子

生活用具

木柜 20世纪村民基本生活用具。分四腿、六腿两种形式，主要用来存放衣物。七八十年代，长城村兴起的北京柜作为嫁妆盛行一时，现在老式柜子已被组合柜替代。

木杆秤 生活用具，由木质秤杆、铁秤砣、铁或铜秤盘组成。有大小秤之分，大秤主要用来称粮食，小秤主要用来称调料。

擦子 刨洋芋泥或洋芋丝的厨房用具，也可刨萝卜丝等。长方形，铁制，两边嵌在木头条上，小孔擦泥，大孔擦丝。

床子 压床子面、粉条等的厨房用具。由整根木头削制而成，分上下两部分。下床子中间凿一圆形孔，装铁质孔网。上床子整体呈均匀圆柱形，中间凿方形孔，插压杵。

罗 筛面粉的磨坊用具。竹编铜网。

罗架子 与罗组合使用，将罗置于架子上，拉动筛面粉。

蒸笼 用竹条编制而成的蒸馒头、花卷等食物的厨房用具。圆柱形，最少2层，多者可达5层以上，有大小之分，村民家中多数用大蒸笼。

风匣 即风箱，给灶火鼓风的厨房用具。由一个木箱、一个木制推拉把手和一个活塞组成，推拉把手口下方有进气口。拉出把手使橐内充满气体，推进把手鼓出气体，由侧面出风口接到灶火内。

石窝 捣蒜或者捣碾辣椒、花椒、八角等调味料的厨房用具。

石窝

笸篮 用竹子编制而成存放物品的生活用具。长城村村民将“笸”读作“bú”。妇女一般用小笸篮放针线、麻捻、拧车（把细线拧成粗线的手动工具）、锥子、针钳子、小剪刀等，整体呈方形，四角呈弧状。大笸篮一般用来存放酿黄酒、酿醋的曲子。叶寨组一村民家中珍藏清代流传至今的笸篮。

篅 由长而粗的麦秆编成的储粮器具。圆柱形，有底，高1～1.5米，透气性好，不易霉变，常用来储粮。长城村村民将“篅”读作“shuán”。村民将篅用木板或木椽撑起离地，留下只能让猫自由进出的空隙，便于猫抓老鼠。至今部分村民仍在使用。

笆子 用麦秆编织成的储粮器具。长方形，按需求编织大小。使用时卷成类似篅的圆柱形，用绳子捆绑防止散架，不用时可卷放。

笸篮

床子

木柜

杆秤

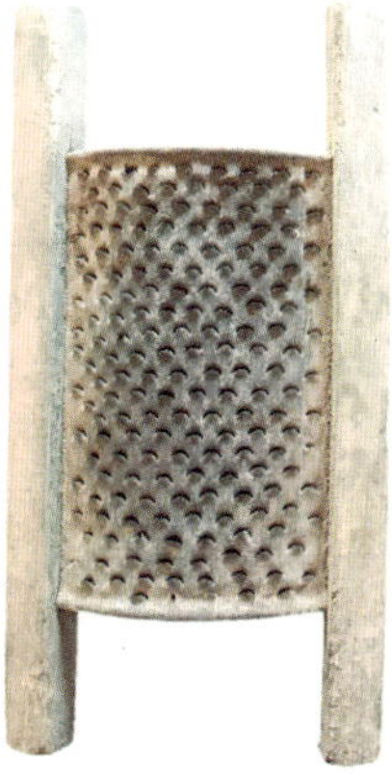
擦子

罗和罗架子

蒸笼

风匣

货郎担

麻鞭 在村民的日常生活中很常见，常用来放羊、赶畜力车、赶麻雀等。用麻秆或蒿瓜瓜（地梢瓜）筋剥下来的丝合成麻绳。用途不同，麻绳的粗细、长短各不相同，鞭杆也各有千秋。赶大车的麻鞭，鞭绳梢较细，鞭杆多用竹竿制成，细且长；放羊麻鞭则相反。赶麻雀的麻鞭，鞭杆短而粗，鞭绳粗而长。当地群众就称干过大事的人为“抡大麻鞭的人！”

货郎担 卖货郎用来装货挑货的箱子和扁担，一根扁担、两只箱子为一组。货郎担着箱子走村串户，卖杂货。蔺塬村民家中现存货郎担两只箱子正面对称刻有相同花纹并各书一副对联：“大丈夫仁中取利，真君子义内求财”，横批“生意如春”；“大财源百川聚汇，广生意六会回春”，横批“和平仁爱”。

民间收藏

书籍 长城塬村民深受儒家文化浸润，崇文重教，耕读传家，藏书视宝，蔚然成风。民间藏书多为竖排繁体、刻板印刷、宣纸线装，有识字课本，也不乏儒家经典，有

《小仓山房音注尺牍》

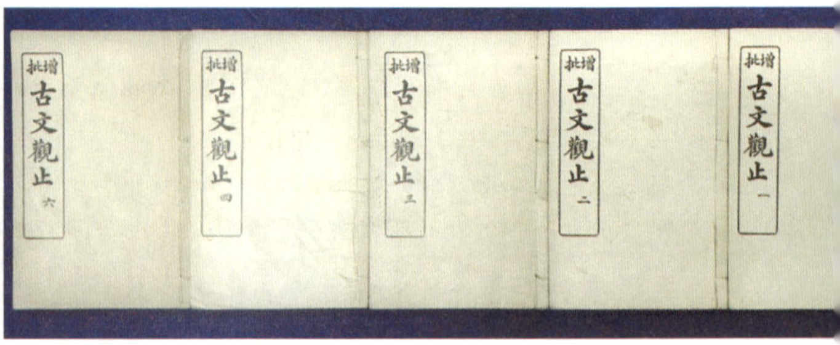

《增批古文观止》

《增篆康熙字典》

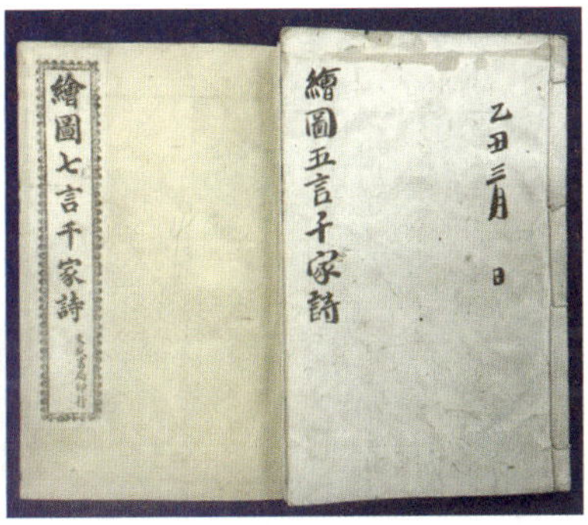

《绘图七言千家诗》《绘图五言千家诗》

《增广唐著写信必读》

《注解浅释初学尺牍指南》

《五彩绘图监本诗经》

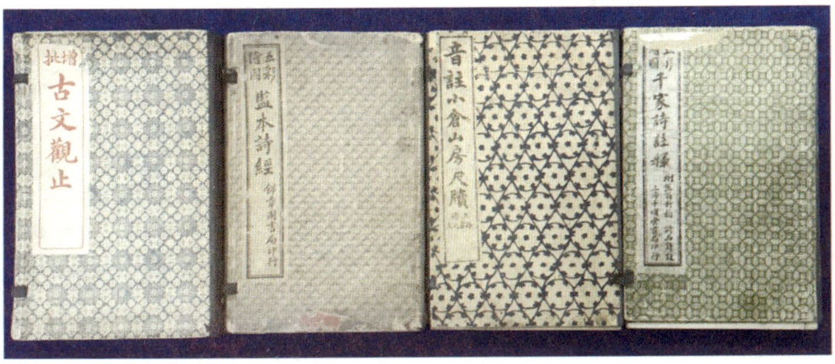

六合套

的成龙配套，形成系列，采用厚纸板外裱锦绫或棉布或图纹彩纸制作的六合套包装，以骨签封装。如1914年上海鸿宝斋书局印《小仓山房音注尺牍》，钱塘袁枚著，全4册8卷；1915年上海锦章图书局印行《增广唐著写信必读》，全6册10卷；1916年上海中华书局印行《增批古文观止》，全6册（缺第五册）；1925年文盛书局印行《绘图五言千家诗》，全1册；1929年上海共和书局石印《增篆康熙字典》，全6册；1929年上海棋盘街广益书局印行《注解浅释初学尺牍指南》，全2册；民国时期，锦章图书局印行《五彩绘图监本诗经》，全4册8卷；民国时期，文盛书局印行《绘图七言千家诗》，全1册。

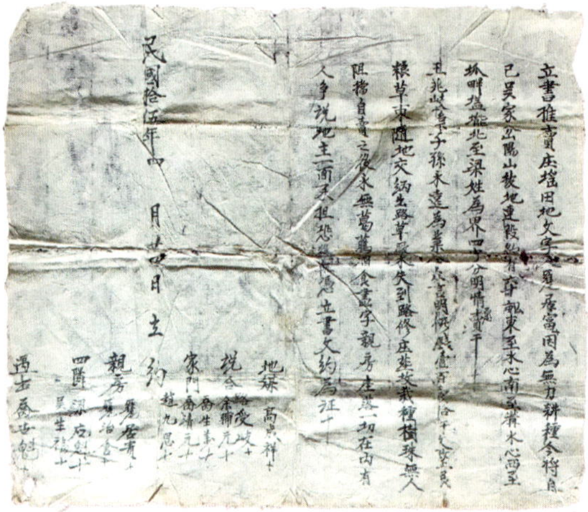

地契　　　　　　　　　　　　　　　　　　　　　　　　瓮金鼎　提供

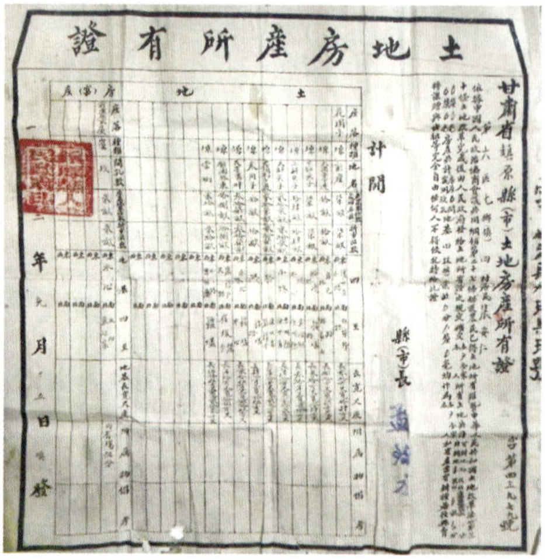
土地房產所有證

1952 年颁发给张安仁的土地房产所有证

张生祥　提供

地契　土地买卖双方所立的契约。1926 年 4 月 14 日，村民夏居富将自家吴家岔阳山坡地一块 60 亩以壹佰壹拾千文整自愿卖给王兆岐永远耕种。当众言明，买方对该地块有继承权、使用权和收益权，立书文约为证，有地媒、说合人、家门、亲房、四邻、遇书人画押，由瓮金鼎收藏。

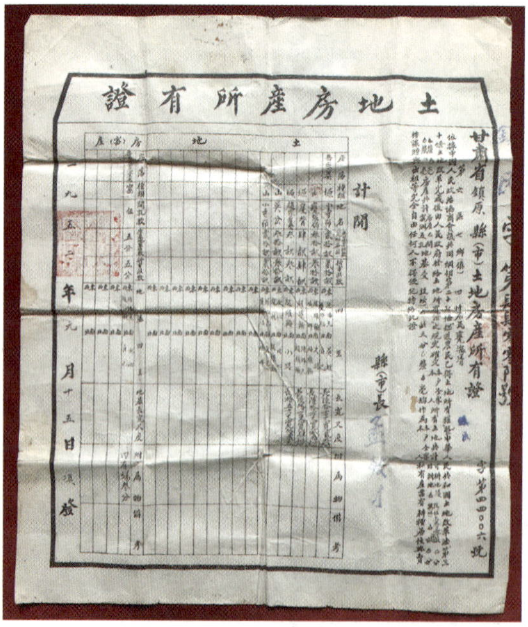
土地房產所有證

1952 年颁发给翁海清的土地房产所有证

瓮金鼎　提供

土地房产所有证　1950 年 6 月，中央人民政府委员会通过和颁布实施《中华人民共和国土地改革法》。1952 年 1 月 15 日，甘肃省镇原县县长孟致才签字颁发给六区七乡四村（今属彭阳县城阳乡长城村花园组）村民张安仁、瓮海清两家土地房产所有证，分别由张生祥、瓮金鼎收藏。

选民证　1953 年 3 月 1 日，毛泽东以中央人民政府名义，命令公布《中华人民共和国全国人民代表大会及地方各级人民代表大会选举法》，选举法颁布后，在全国范围内开展了基层人民代表大会的选举，这是中华人民共和国成立后第一次规模广泛的普选。1953 年 3 月 16 日，镇原县张岘子乡（今属彭阳县城阳乡）发放的选民证，是全国首批发放的选民证，由瓮金鼎收藏。

粮油布棉票 1955 年，国务院颁布《市镇粮食供应暂行办法》，实行按人定量供应口粮，根据不同工种制定不同等级的口粮标准，核发村民购粮证和市镇居民粮食供应转移证，发行粮票。同年，长城村村民开始使用粮票，凭粮票购买粮食制品，村民通过交售公购粮兑换粮票。1993 年，取消粮油定量供应，粮价开放，粮票停用。

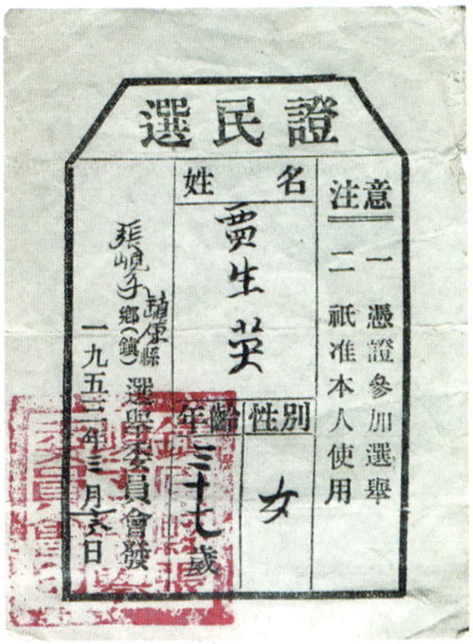

选民证　　瓮金鼎　提供

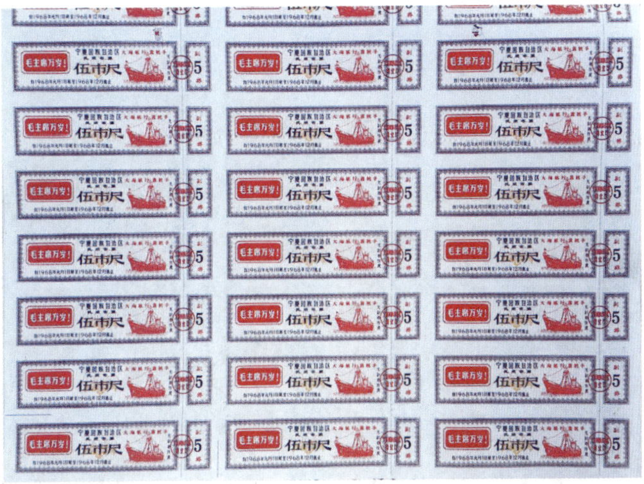

布票（2019 年）　　祁悦章　摄

粮油布棉票

长城塬之夏（2018 年）　　杨巨辉　摄

红色记忆

长城村所属的彭阳县是一块红色的土地，是陕甘宁革命根据地的重要组成部分和西大门，是宁夏回族自治区三个革命老区一类县中固原市唯一的一个，在党的历史上占有特殊而重要的地位。红军先后五次到彭阳境内开展革命活动，在彭阳诞生了宁夏南部山区第一个党的组织和第一名中共党员。毛泽东率领中国工农红军陕甘支队长征过彭阳，诞生了著名词篇《清平乐·六盘山》；组建了中央红军第一支骑兵侦察连；留下红军伤病员发展了固原第一名中共党员。陕甘支队长征过彭阳，虽然只有短短的三天两夜，但在长期受压迫受剥削的彭阳人民心中却产生了巨大影响，从此革命星火燃遍彭阳大地。

乔家渠毛泽东长征宿营地旧址（2019 年）　　张俊仓　摄

◉ 毛泽东长征过长城塬

1935 年 10 月 7 日晨，陕甘支队 7000 余人，从今固原市原州区张易镇莲花沟出发上六盘山，从青石嘴皮堡梁、康家庄梁、大红沟梁分三路下六盘山即到彭阳境兵分两路沿茹河两岸向白杨城（今彭阳县城）进发。毛泽东等中央领导随一纵队、中央机关和中革军委机关行军，彭德怀率二、三纵队拱卫中央机关前行。中午，毛泽东指挥一纵队一、四、五大队，取得青石嘴战斗胜利，缴获国民党东北军骑兵两个连战马 100 多匹、弹药物资 10 余马车。

青石嘴战斗中缴获大批军装、布匹，按照纵队首长指示大部分发给伤病员。邓小平看到战士剧社小战士们身上的衣服破烂不堪，便向红四团（四大队）政委杨成武提议给小战士们每人缝制一套新衣服。①

青石嘴战斗胜利后，陕甘支队在今彭阳县古城镇境内组建起陕甘支队第一支骑兵侦察连。7 日晚，毛泽东夜宿彭阳县古城镇小岔沟张有仁家窑洞。晚 24 时，毛泽东发出翻越六盘山后的第一份电报。当晚，彭德怀率二、三纵队在挂马沟、羊坊一带宿营。

---

① 参见中央文献研究室科研部图书馆编《邓小平人生纪实（上册）》，凤凰出版社，2004，第 257 ~ 259 页。

8 日凌晨 3 时许，红军分两路沿茹河南北两岸向白杨城进发。一纵队四大队沿茹河北岸行至打石沟（店子洼）时，遇奉命由庆阳出发去加强东北军骑兵的邓宝珊部一个团，布下“口袋阵”，战斗很快胜利结束，俘敌 80 余名，缴枪 80 余支和一批服装，敌三十五师其余人马听见枪声原路逃跑。红军行至周沟村附近，突遭两架敌机空袭，几名红军战士负伤，战马损失多匹。中午，两路红军会合白杨城，大部队集中在城内和南、北城门外，又遭三架敌机盘旋轰炸，2 名红军战士牺牲，多名战士负伤，炸死炸伤 10 多匹战马。红军来不及吃午饭，忍饥挨饿，出白杨城，继续分两路向长城塬、玉洼方向行军。

毛泽东沿战国秦长城上长城塬，下午到乔家渠。9 日中午，毛泽东继续随一纵队沿战国秦长城，经杨小庄、三岔口、草滩从今彭阳县孟塬乡牛耳塬出今彭阳境，又沿战国秦长城行军约 40 千米，夜宿唐家塬（今属镇原县武沟乡），次日在三岔（今属镇原县三岔镇）遇到陕北派出的迎接红军。10 日晨，彭德怀率领的二、三纵队从彭阳县孟塬乡玉塬出发，从牛耳塬出今彭阳境。19 日陕甘支队胜利到达陕北，结束二万五千里长征。

毛泽东夜宿乔生魁家　1935 年 10 月 8 日中午，毛泽东从白杨城北门出城，过茹河水，沿战国秦长城经杜家沟西面洼、财神崾岘、余崾岘、白岔、党岔，上长城塬，下午到达今城阳乡长城村乔家渠。乔家渠乔生魁家坐落在塬边，是沿陡洼依山修建的大罗圈庄子，有 17 孔窑洞（2 孔坍塌），乔生魁和侄子乔峰元两家 20 多口人居住。院子有口出水量在

红军行军经过的战国秦长城（2019 年）　　杨宁国　摄

红军住过的窑洞（2019 年） 王宇 摄

长城塬数一数二的水井，附近还有日出水量在长城塬最多的金岔水井、乔家渠沟道水泉和集雨大涝坝。乔生魁家庄子十分隐蔽，不用说在晚上，就是在白天也很难被发现。附近有战国秦长城作防线守卫，是红军十分理想的宿营地。下午 6 时左右，毛泽东住进乔生魁家窑洞。乔生魁家崖背地势平坦，窑洞尺寸较小，土炕较短，当晚毛泽东就睡在用案板临时支起的床上。受中国工农红军陕甘游击队第七支队和红二十五军过彭阳的影响，群众欢迎陕甘支队长征过彭阳，乔生魁一家与侄子乔峰元两家主动腾出 9 孔窑洞让红军居住，两家 20 多口人挤在 4 孔窑洞，睡在用麦草临时打起的地铺上。院子一口井水不够用，他立即让长子乔峰禄去沟里驮水，侄子乔峰元煮洋芋、次子乔峰仓烧开水煎地椒茶，妻子吴氏用刚从娘家带回的一只羊腿与侄媳、儿媳做羊肉床子面，三女乔凤香吓得躲进案仓，被毛泽东发现并叫出。毛泽东将羊肉床子面让给伤病员，继续吃起连皮带泥的洋芋。20 世纪 60 年代，毛泽东像章大量发行时，乔生魁妻子吴氏发现当年在家里居住的红军就有毛主席。1976 年 11 月，毛泽东警卫员陈昌奉在宁夏军区副司令员李凯国陪同下，重走长征路，确认毛泽东长征途经乔家渠时就住在乔生魁家窑洞。

红军野外露营喝涝坝水 20 世纪 30 年代的长城塬是个只有十几户人家 300 多口人的小村庄，一下子要解决红军长征一纵队、中央机关和中革军委机关 3000 多名红军和 100 余匹战马的吃住、饮水问题，困难可想而知。只有红军伤病员和战士剧社的小战士等特殊人员才能住进村民废弃庄院的窑洞和打麦场麦垛下，更多的红军指战员露营在战国秦长城墙根、田野地埂和荞麦、燕麦攒攒下。即便如此，红军也不扰民，不进入村民庄院。村民看到红军战士在院外席地而眠，又冷又潮，纷纷抱出自家的麦草给红军铺垫，拿出仅有的破棉被让红军御寒，一床破棉被推来让去，感人的场面村民们至今记忆犹新。

长城塬属旱塬，村民世代饱受缺水之苦。红军这次宿营，不但无房子住，而且没有水喝。过去夜行军，露营和吃不到晚饭是曾经有过的，但连冷水都找不着喝这却是第一遭。① 当地有“家里的门可以不锁，但水窖一定要锁”“宁给一个馍，不给一碗水”等民谚。尽管水贵如油，红军到达后，村民们纷纷让出自家的井水和村里的泉水、涝坝水给红军取水。开水一时供不应求，毛泽东和红军指战员一起饮用井水、泉水，井水、泉水饮完后又直接饮用涝坝水。村民把家里贮藏的地椒茶拿出让战士们泡茶，除掉涝坝水的土腥味。多数红军指战员舍不得喝地椒茶，留给伤病员和小战士。井泉涝坝水都饮完后，村民们自发组织起一支由 20 多匹骡、马、驴组成的驮水队，提灯笼、马灯，举火把，从约 5 千米外的茹河驮水，供应红军，直至红军离开长城塬，践行他们“要让红军有水喝”的诺言。

毛泽东与战士同吃连皮带泥洋芋 陕甘支队长征过长城塬时，受红二十五军长征过彭阳革命思想宣传影响，村民对红军很友好。尽管余粮不多生活困难，他们听说是红军，是为穷人过上好日子，打天下的队伍，十几户人家想尽办法捐借给红军几十担洋芋。长城塬井水、泉水不够用，涝坝水也有限，红军没有水洗洋芋，只能把洋芋连皮带泥煮熟吃，吃得满嘴都是泥。毛泽东也和大家一样同甘共苦，吃连皮带泥的洋芋，喝涝坝水，并教导红军战士们，红军每吃一顿饭，都应该想到人民群众，红军现在吃的洋芋，说不定就是群众明天的口粮。明天他们吃什么？也许吃糠菜，也许吃树叶。但是，群众能把明天自己吃的东西，今天夜里卖给红军，这是为什么？是为了红军北上抗日。群众是这样想的，那么红军务必迅速到达陕北，把抗日根据地巩固起来，打击日本帝国主义，解放全中国的老百姓，让人民都过上幸福生活。②

赵维新捐借粮食 赵维新家是长城塬的存粮大户，陕甘支队长征到乔家渠、赵山畔一带，赵维新看到红军文明之师的形象，主动腾出窑洞让红军居住，赶着自家两匹骡马，加入给红军驮水的队伍。把省吃俭用积攒多年的 2.5 万千克小麦和秋杂粮、200 多

① 参见《彭阳革命史料选编（上卷）》，中共党史出版社，2019，第 125 页。
② 参见《彭阳革命史料选编（上卷）》，中共党史出版社，2019，第 132 ~ 133 页。

只羊、20 多匹（头）马牛驴、0.25 万千克洋芋等捐借给红军。这是红军翻越六盘山后获得最多的一次粮食补给。红军用一块红绸子布对赵维新家捐借粮食等情况逐项立下字据。红军过后，国民党固原县保安大队清查“通红通共”人员，赵维新迫于压力，将借据偷偷烧掉。

◉《清平乐·六盘山》

长城塬写下《长征谣》 1935 年 10 月 7 日，毛泽东率领陕甘支队长征翻越六盘山，饱览六盘雄姿。8 日，毛泽东沿彭阳境内雄伟的战国秦长城登上长城塬，陕北近在眼前，长征胜利在望，夜宿长城塬乔家渠时写下《长征谣》，后修改为著名词篇《清平乐·六盘山》，名不见经传的乔家渠随之名扬天下。

《长征谣》到《清平乐·六盘山》 1935 年 10 月 8 日，毛泽东夜宿彭阳乔家渠乔生魁家窑洞写下《长征谣》。1935 年 12 月，毛泽东在陕北瓦窑堡完成《清平乐·六盘山》初稿。1938 年 11 月 28 日，毛泽东在延安交际科招待所看望李公朴、张曼筠夫妇时，李公朴拿出准备好的张曼筠创作的《丁丑书画集》请毛泽东题字，毛泽东欣然用毛笔在书画集首页国画《长城》上题写“小册有长城图，索书旧作一首，以应公朴先生之嘱，毛泽东”[①]。手迹竖写、无标点、无题目、无词牌，内容与“一九六一年九月应宁夏同志嘱书”的《清平乐·六盘山》只差两字，即“旄头漫卷西风”而非“红旗漫卷西风”。这是迄今见到该词毛泽东最早的手迹墨宝。1949 年 8 月 1 日，上海《解放日报》首次以《清平乐·六盘山》词牌公开发表。1961 年 9 月 8 日，中共中央在江西庐山召开工作会议，开会之余，毛泽东应宁夏同志之请，在 6 张 16 开的宣纸上欣然书写《清平乐·六盘山》赠予宁夏人民，将“旄头”改为“红旗”，为《清平乐·六盘山》终稿。1961 年 9 月 30 日，《宁夏日报》头版套红刊发《清平乐·六盘山》终稿，配编者按，发《不到长城非好汉》社论。

对照《长征谣》与《清平乐·六盘山》可以看到有 10 处修改。面世的毛泽东手书《清平乐·六盘山》共有 8 种手书版本，被书法界誉为经典之作的是“一九六一年九月应宁夏同志嘱书”版。1962 年 4 月 20 日，毛泽东最后一次手书《清平乐·六盘山》。

---

① 方仲伯编《李公朴纪念文集》，云南人民出版社，1983。

◉ 传承红色基因

乔家渠毛泽东长征宿营地旧址　该旧址位于城阳乡长城村乔家渠乔生魁家，院内原有 17 孔窑洞（2 孔坍塌）。1976 年 9 月，毛泽东逝世后，村民自发抬出毛泽东当年睡过的案板举行悼念活动。10 月，毛泽东当年睡过的案板被逐级上调，现存于中国人民革命军事博物馆。乔生魁后代家中至今还保存着当年红军用过的水井、石磨子、石碾子，喂马槽、缸、盆、桌、凳等生产生活用具。2006 年，城阳乡政府对宿营地旧址其中 7 孔窑洞进行维修保护，完成布展并免费供游客参观。2009 年，彭阳县政

毛泽东长征宿营地旧址入口（2018 年）　　祁悦章　摄

毛泽东战马吃草用的石槽

红军在乔家渠用过的磨子

红军在乔家渠用过的碾子

府投资 200 多万元，把乔家渠毛泽东长征宿营地打造成集乡村民俗与红色经典为一体的红色旅游基地。2010 年，乔家渠毛泽东长征宿营地旧址被彭阳县人民政府公布为县级文物保护单位。2018 年，被宁夏回族自治区人民政府公布为自治区级重点文物保护单位。

乔家三代人 80 年讲述红军故事 1978 年，31 岁的乔得雄（乔生魁孙子），接过父亲乔峰仓讲述红军故事的接力棒，成为乔家渠毛泽东长征宿营地旧址第三代义务讲解员。2012 年以来，随着推介宣传力度加大和旅游升温，每到周末和节假日，有很多游客慕名前往参观，聆听乔得雄讲红色故事，日最高接待量达 500 人。乔得雄胸前总是佩戴着一枚毛泽东纪念章，他要把毛主席和红军的故事一直传下去、讲下去，使更多的人知道红军长征的艰苦，今天幸福生活之来之不易；要记住为革命献身的先烈，珍惜今天的幸福生活。

红军井泉涝坝 陕甘支队长征过长城塬，红军饮水的井泉涝坝，被当地群众亲切地称为红军井、红军泉、红军涝坝。长城村境内有名的红军井3口，乔洼金岔祁家红军井深约33米，位于北纬35.880°，东经106.771°；乔洼金岔乔家红军井深约40米，位于北纬35.884°，东经106.777°；乔家渠毛泽东长征宿营地旧址红军井深约40米，2019年彭阳县史志办公室立碑保护。长城村境内有名的红军泉1眼，位于北纬35.865°，东经106.762°。长城塬境内有名的红军涝坝3个，乔家渠红军涝坝直径25米，深6米，位于北纬35.868°，东经106.755°；叶寨红军涝坝直径45米，深6米，位于北纬

红军在长城塬饮水的井（金岔乔家）（2019年）

红军在长城塬饮水的泉

红军长征饮水大涝池遗址（2019年）

红军在长城塬饮水的井（金岔祁家）

红军在长城塬饮水的涝坝（乔家渠）

潘江 摄

红军在长城塬饮水的井（乔家渠）（2019 年）

35.861°，东经 106.866°；涝池红军涝坝直径 30 米，深 6 米，位于北纬 35.837°，东经 106.816°，2017 年彭阳县老促会、史志办、文物所立碑保护。

◉ 红二十八军在长城塬的活动

1937 年 2 月 27 日，中共中央和中革军委决定以第四军、三十一军、二十八军、三十二军和骑兵第一团组成援西军。3 月中旬，在得知西路军在河西走廊遭遇失败的消息，中革军委决定援西军在彭阳等地就地待命，一方面接纳可能返回的西路军指战员，另一方面积极开展地方抗日救亡活动并进行军事训练。红二十八军军长宋时轮、政委宋任穷，军部驻白杨城东门外刘家官院刘丕宏家（今彭阳县城南门民生家园小区）。部队驻防草庙、城阳和红河川，其中一个团驻王洼。

红军宣传抗日 红二十八军民运科履行地方党委职责，科长张国生带领工作人员在长城塬花园子里院窑洞居住，开展抗日宣传、筹粮等工作。张国生在蔺塬进步群众庞占虎的引导下，登门拜访乡间贤达，宣传共产党的抗日主张，倾听他们对抗日支前的意见建议，请他们出面发挥他们的示范带动作用。红军在白马庙集市张贴“团结起来，抵抗日寇”“红军是为穷人打天下的队伍”等标语，进行演讲，教唱革命歌曲。每逢春节等传统节日，红军邀请“延安烽火剧团”演出，组织军民联欢。红二十八军文艺队经常活跃在街道、集市，搭建简易舞台，采用群众喜闻乐见的艺术形式，把一个个大道理通俗化地展示出来，教育感染群众，活跃节日氛围，增进军民情谊。在召开的群众大会上，村民自愿拿着写有“打倒日本帝国主义”等字样的小旗子，聆听军队干部讲解抗日救国的道理，革命热情很快被激发出来。

军民鱼水情深 红军利用茶余饭后，劳动间歇和群众拉家常，宣传全国的抗战形势、党的抗日主张和团结抗战的重要性，争取团结一切爱国力量。红军为群众送医送药，嘘寒问暖，担水扫院，调解民事纠纷，惩处坏人坏事，关心群众生产生活。农忙时，红军帮助群众送粪除草，春播夏收，拉运打碾。红军纪律严明，秋毫无犯，买卖公平，不拿群众一针一线，深受欢迎。长城塬躲“队伍”的群众自觉回家，恢复正常生产生活，主动接近红军，发自肺腑支持拥护红军，把红军当亲人，军民间情同手足，自发拿出白面、肉食、干果，制作菜肴，敲锣打鼓送往军营慰劳红军。

红军义务植树 驻彭阳的红二十八军认真落实刘伯承司令员在当年绿化驻地动员会上“每人在 4 月 1 日植树节前后，在驻地栽植一棵树”的要求，在长城塬筹粮的指战员砍下杨柳枝条，截成 1 尺（1 米 =3 尺）多长，把一大半栽入地下，一小半露出地面，这种栽树法既省工保墒，又省树种。经过精心抚育，栽植的杨柳树悉数成活，到现在还枝繁叶茂，被群众亲切地称为“红军树”。

村民捐借粮食 长城塬乔洼乔良栋带头捐粮 200 多千克，在他的带动影响下，长城塬群众捐粮捐物支援抗战的热情空前高涨。乔良栋还腾出自家一孔窑洞，储存长城塬及附近群众捐助的 2000 千克粮食。长城塬群众家家户户自发帮助红军磨面，又赶着毛驴

援西红二十八军储粮窑洞旧址（金岔）（2019 年） 李静 摄

送至军营。据估计，仅红三十二军、二十八军驻彭阳期间，当地群众捐借粮 60 万千克、蔬菜 10 万千克、牛羊猪鸡肉 1.5 万千克，捐鞋 4000 余双，红军对所有借粮户都登记打借条。时任红二十八军军长宋时轮赞赏和感谢固原东区人民的有力支持，人民的支援坚定了红二十八军抗战的信心，鼓舞了全军的士气，党和红军不会忘记东区人民！

青年踊跃参军 红二十八军驻足彭阳期间，境内含长城塬在内的 50 多名青年志愿报名参加红军，被编成一个新兵连，在赵洼（今彭阳县行政中心）集训。新兵连战士为节省弹药，自制木枪训练，还学习文化知识，后随红二十八军离开彭阳，改编为贺龙任师长的第一二〇师第三五八旅第七一六团，开赴山西，投入伟大的抗日战争。

祁德福

老红军祁德福 祁德福（1923—2001），汉族，长城村乔洼组人。原名唐道普，生于今四川省达州市渠县板桥乡新塘村龙王沟，是红二十八军驻彭阳时因伤病留下的红军战士。1934 年，年仅 11 岁的祁德福受红军兴国救民思想影响，中断学业，参加红军。1935 年，跟随红四方面军长征。红四方面军在河西走廊战斗失利后，被驻彭阳执行追击援西任务的红二十八军接纳。因祁德福伤情加重，难以随大部队行军，经组织批准，留在彭阳养伤。后到彭阳王洼镇海姓地主家，边做长工，边寻找红军。1945 年年底辗转到今白阳镇阳洼村菜籽台，被祁儒仓挽留家中做帮工。1949 年年初，经祁氏族人引荐，被长城塬祁家声夫妻收为养子，改名祁德福，视如己出，为其娶妻成家。1984 年年底，祁德福经多方打听，回到日思夜想的生父母身边。为报答生父母养育之恩和支持自己参加革命义举，出嗣一子姓唐名志武。祁德福到长城塬后始终不忘初心，保持红军本色，拥护党的领导，带头宣传，模范执行党的路线、方针、政策，积极参加农业生产劳动，遵纪守法、宽厚待人、孝顺父母、精通农事、教子有方，在长城塬有口皆碑。

◉ 城阳兵变

1943 年 9 月，国民党陆军高桂滋十七军奉命调到固原、彭阳、庆阳一带驻防，军部驻固原县城，受胡宗南指派主要秘密封锁固原经彭阳到陕甘宁边区的茹河古道和途经长城塬、孟塬、三岔到陕北的便捷通道，其新编师高增级部驻固原大湾，该师六团窦子章

花园堡了、窨了旧址（2019 年） 张俊仓 摄

城阳兵变旧址局部（2018 年） 祁悦章 摄

部驻防彭阳店洼，六团二营驻扎城阳（今彭阳县城阳乡城阳村余沟）。

党的统战工作 1944 年 5 月，为维护抗日民族统一战线，党在庆阳成立中共十七军工作委员会（简称中共十七军工委），中共陇东地委书记朱敏兼任书记，黄罗斌、马锡五、丁志明、杨志超、李世臣任委员，负责秘密开展对高桂滋部的统战工作。中共十七军工委又分别在镇原三岔和环县苦水掌设立了两个联系点，通过各种渠道与国民党第十七军军长高桂滋、副军长兼新编第二师师长高增级及第八十四师师长艾杰山接触。[①] 1944 年春，中共陇东地委、十七军工委派统战科科长齐应凯到固原县开展统战工作。1944 年冬，十七军和八路军达成“互不侵犯、和平共处”协议。此后，高桂滋部掩护并帮助民盟领导人杜斌丞在固原开展革命活动，与中共陇东地委秘密建立固原经彭阳至三岔通往陕甘宁边区的人员物资通道。

兵变经过 1944 年，国民党陆军高桂滋十七军新编高增级师窦子章六团二营驻今城阳余沟，其驻守花园子的一个连监修花园子碉堡，约一年完工。碉堡未修成前，先借住在花园子几个大户人家。花园子驻军主要封锁固原经彭阳长城塬、孟塬至三岔通往陕甘宁边区党的人员和物资通道。驻长城塬花园子一个连，第一任连长姓李（河南人），第二任连长姓樊。1944 年农历五月上旬的一个晚上，六团二营四连一排排长张志亭、副

① 参见《中国共产党固原历史第一卷（1921—1949）》，中共党史出版社，2016，第 116 页。

排长许建璋通过营部炊事班李班长、连部通讯员宽怀义与二排梁排长、三排路排长联系，以开会、打麻将为名，聚在一起商议兵变事宜。紧接着，各排秘密召开班长会议，下达兵变命令。凌晨 2 时左右，驻余沟的国民党十七军所部六团二营发动城阳兵变。后半夜，到长城塬花园子与驻该地的一个连联合兵变，留下一名伤员在花园子曹士彦的大哥家养伤。此时，参加兵变的官兵 260 余人，携带步枪 230 余支、手枪 15 支、重机枪 3 挺、轻机枪 16 挺、手榴弹 300 多颗、子弹 10000 发、骡马 12 匹、驴 3 头。拂晓，到达孟塬的二营六连驻地，缴获步枪 90 多支、轻机枪 2 挺、子弹 4000 多发、手榴弹 180 多颗、驴 1 头。六连 40 余人自愿加入兵变队伍，到三岔与八路军驻边区三五八旅六团会合，到庆阳改编参加八路军。

◉ 解放战争时期党在长城塬的活动

长城塬所在的三塬（长城塬、孟家塬、刘米塬），虽长期属镇原县、原固原县四乡管辖，但由于三塬地缘相接、风俗相通、亲缘相续，自古以来民间交往频繁。1937 年 1 月，中共固原工委在驻足彭阳执行追击、援西任务的红二十八军地方工作队帮助下，派出李有福、朱孟才、王家祥建立麻子沟圈（杨坪）地下党支部；派出王平水、李向阳建立米塬地下党支部。这两个基层党支部利用白马庙集市、庙会、走亲戚等便利条件，长期在长城塬秘密串联，宣传抗日，帮助红军做地方工作，发展中共党员，壮大党的组织，发动群众抗粮款、抗抓兵，迎接全国解放。

秘密发展中共党员　陕甘支队长征过长城塬播下革命火种，西征、追击、援西红军

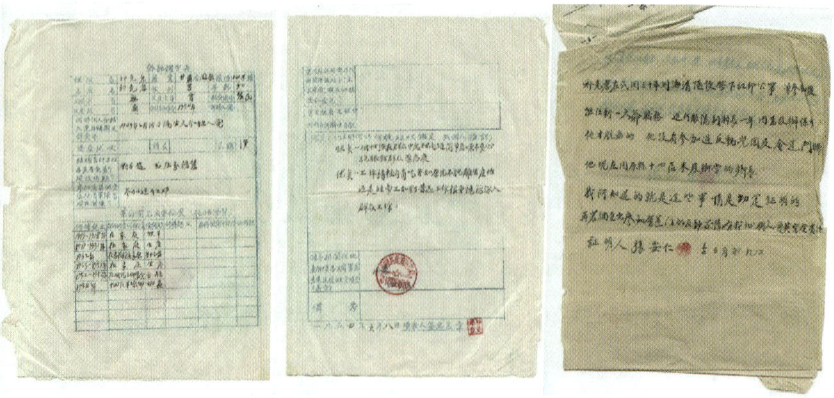

解放前中共党员祁克孝档案

驻足彭阳开展活动，为长城塬培养锻炼了一批听党话、跟党走，理想信仰坚定的入党积极分子。长城塬祁克孝利用红帮大爷身份，往来长城塬、孟家塬再到解放区马渠镇，为党的地下组织传递情报，散发传单，护送干部，筹集粮草。米塬地下党支部指派党员杨作栋在长城塬开展地下工作。1948 年 2 月 2 日，经杨作栋介绍，发展当地群众赵正富为中共党员，成为今长城村最早的中共党员。是年，杨作栋、甄攀荣还介绍长城塬村民赵得贵、甄占厚加入中国共产党。1949 年，长城村农民祁克孝、白占魁、瓮治安、赵得库先后加入中国共产党，党的队伍不断壮大，成为党在长城塬开展活动的骨干力量。

迎接全国解放 解放战争时期，麻子沟圈地下党支部和米塬地下党支部，按照“精干隐蔽，长期埋伏，等待时机，单线联系”的工作原则，秘密建立以地下党员为骨干的长城塬游击队，团结带领群众，抵抗国民党抓兵要款，筹粮筹款，支援解放大军，迎接全国解放。1949 年 7 月 30 日、31 日，中国人民解放军西北野战军六十四军到达境内，长城塬群众在党的领导下，送开水、做饭、运粮草、抬担架、送情报、带路、慰劳解放军，在白马庙集市张贴《约法八章》公告，圆满完成上级分配的各项支援前线任务。

长城塬之秋（2018 年）　　余金玉　摄

名胜古迹

长城村历史悠久，文化资源丰富。战国秦长城穿境而过，见证长城村千年变迁；古窑洞遍布山野，诉说黄土高原风土民情；白马庙伫立塬上，聆听歌谣民乐余音袅袅。万古沧桑留胜迹，千秋岁月筑金石。百年碑树听风雨，十方沟壑布乾坤。历史车轮滚滚向前，长城村的故事还在继续……

◉ 古遗址

战国秦长城

战国秦长城的修筑，与战国时期秦国在西北地区的扩张有直接关系。秦国自孝公时期（前 361—前 338）商鞅变法后，国势日强，开始向其北方的诸戎方国用兵。当时宁夏境内的诸戎国有朐衍戎、乌氏戎、义渠戎，其中以义渠最强，筑城数十，还曾称王。《史记 · 六国年表》曰，战国初秦厉共公六年（前 471），“义渠来赂”，与秦国交好。厉共公三十三年（前 444）秦伐义渠，“虏戎王”。厉共公死后，秦国陷于混乱。秦躁公十三年（前 430）“义渠伐秦，侵至渭阳”，义渠崛起。

秦孝公后，义渠与秦的关系复杂。秦惠文王四年（前 334），“义渠败秦师于洛”；七年，“义渠国乱，秦惠文王遣庶长操将兵定之，义渠遂臣于秦”；十一年，“秦县义渠，以其君为臣”；十四年秦惠文王更元。后元五年（前 320），“秦伐义渠，取郁郅”；后元七年，“义渠败秦师于李伯”。其时，中原诸国结盟“合纵”，秦国针锋相对展开“连横”。义渠国君在后元七年前曾“朝于魏”，受魏相犀首（即公孙衍）唆使，合谋攻秦。后元十一年，秦惠文王以重兵攻下义渠 25 座城池。到秦昭王时（前 306—前 251），义渠又与秦交好，从而发生了义渠君与昭王母宣太后“私通”之事。后来宣太后诱杀义渠君于甘泉宫，秦起兵攻义渠，义渠遂亡。

彭阳境战国秦长城分布示意图

战国秦长城冬景（2019 年）　　孙有亮　摄

战国秦长城筑于秦昭王中期，起始点在今甘肃临洮县北 15 千米处的杀王坡三级台地上，从此向东南进入渭源县境，又东经陇西县进入通渭县，向东北经静宁县出甘肃进入宁夏。在宁夏先东向经西吉，再东北、东南向经固原、彭阳又折向东北，出宁夏再进入甘肃，东北向经镇原、环县、华池出甘肃，进入陕西。在陕西境东北向经吴起、志丹、靖边、横山、榆林、神木等县进入内蒙古。在内蒙古经伊金霍洛旗新庙乡西北，由束会川西岸至纳林陶亥附近，后蜿蜒北上，经东胜市东、达拉特旗南东折，进入准格尔旗，最后止于十二连城。战国秦长城在汉代被称为“故塞”“故河南塞”。“筑长城以拒胡”，战国秦长城的修筑与派兵戍守，稳定了秦国的西北边疆，解除了秦东向发展、灭亡六国的后顾之忧，并保证秦国农牧业生产不受游牧民族的骚扰而得以正常进行。

彭阳段战国秦长城由甘肃静宁县进入宁夏西吉县，经原州区，于河川乡黄河村黄家庄进入彭阳境。县境长城分布在 4 乡（镇）10 村 20 多个村民小组，全长约 62 千米。沿西北至东南走向经古城镇田庄村北塬，再沿穆河南岸东西经郑庄进入白阳镇袁老庄、罗堡，延伸至小河口梁坡头后，折向东北上白阳镇陡坡、里湾、碉堡梁、杨湾到白岔村西峁盖至于家嵝岘。东西向过长城塬后，东南走向经杨小庄入深沟，再沿东北方向上孟塬乡施坪、虎山庄，在孟庄（属甘肃省镇原县）、草滩、城墙湾（属甘肃省镇原县）两出两入，最后从玉塬村糜岔塬出县境入甘肃省镇原县马渠乡三合村。彭阳境战国秦长城现存较好的是白阳镇白岔村段和孟塬乡草滩村段、玉塬村段。残存高度 2 ～ 13 米不等，基宽 7 ～ 10 米，顶宽 2 ～ 3 米，夯土层 0.1 ～ 0.3 米。在县内白岔、长城塬、孟塬等地设有多处长城

筑战国秦长城所用石杵

筑战国秦长城所用木杵

烽火台，残存最大的烽火台高约 14 米，底部周长约 73 米，顶部直径约 5 米。

彭阳境内长城无论是建在山上还是山下，无论沟边还是河岸，皆因地制宜，就地取材，用黄土分层夯筑而成。且取土多在城墙外侧，这样就形成了外高内低、外陡内缓的特点，达到了易守难攻的目的。在河沟地带利用陡立的崖壁稍加修筑即成城墙。

长城村境内的这段长城，遗迹明显，走向清晰。在长城沿线附近及断面上发现大量的瓦片和陶片，其纹饰有粗绳纹、细绳纹、带条式弦纹、锥刺纹和网格纹等，厚度 1 ~ 3 厘米。根据残存瓦片弧度延伸的趋势推测，这些瓦片的体型较大。

1985 年和 1988 年，战国秦长城先后被彭阳县人民政府和自治区人民政府公布为县、区级文物保护单位。1993 年，彭阳县人民政府划定保护范围。2001 年 6 月 25 日被国务院公布为全国重点文物保护单位。随后设置砖砌保护碑 10 多处。2018 年，由国家文物局拨款、彭阳县博物馆主持的战国秦长城保护修缮工程实施，在长城本体两侧建设了防护网和巡护路。经考证为战国时期筑长城所用的 2 支石杵、1 支木杵，现藏于彭阳县博物馆内。其中，石杵为圆柱形，分别为直径 6.4 厘米、高 26.4 厘米和直径 5.5 厘米、高 21.8 厘米，上呈斜面。木杵为圆柱形，直径 7.4 厘米，高 21.8 厘米，上呈斜面。

敌台　在川塬地势平坦地带相隔 200 米左右筑一座方形敌台（俗称长城墩），有时也因地势等原因出现较大差异，如山峦上的敌台相距 50 ~ 150 米。敌台通常比长城城墙高大且凸出墙外，长城村段现存最大一座敌台为“白马庙敌台”，位于白庙组（北纬 35.865°，东经 106.778°），海拔 1670 米，底部直径约 20 米，顶部直径约 5 米，而这里的

白马庙战国秦长城敌台（2019 年）　　祁悦章　摄

长城高度为 2 ～ 7 米，夯土层为 0.3 米。每座敌台及长城附近均散布大量的砖瓦。

城障　城障均设在长城内侧，烽火台则多在长城外侧。涝池张沟圈的长城大拐角处有一小城障，城障北侧紧靠长城，现城墙均毁，四隅角墩尚在。城障呈长方形，东西长 120 米，南北宽 60 米，残存角墩基座周长 60 米，残高 17 米。城内到处可见各种纹饰瓦片。这座城障北扼孟塬，西阻长城塬，南控茹河古道，为要冲地带。另一座城障在东南方向入长城村邻村白阳镇白岔村窑湾，修建在南距长城约 90 米的小山峁上，长 85 米，宽 46 米，残高 3 米。

烽火台

也称烽燧、烟墩、烽堠、狼烟台、烽台等，它是中国古代军事防御体系之一，在战时报警和传递信息方面有着不可替代的重要作用。彭阳境内烽火台林立，从战国到明清均有修筑或修葺，现已查明的多达 40 余处，成为特有的人文景观。烽火台用黄土分层夯筑，现呈方形、圆锥形和鱼脊形堆积，座与座之间相距 5 ～ 10 千米。白马庙、党岔、姚湾等处倾圮后的烽火台，呈圆锥形堆积，长城内侧的白岔烽火台则呈鱼脊形堆积，残存体积较大，长约 60 米、基宽 7 米、残高 5 米。原白马庙烽火台在 2004 年建长引工程纪念碑时作为地基，现已不复存在。

乔渠烽火台　位于长城村乔渠组，财神崾岘至转湾公路与城阳街道至乔渠公路交

乔渠烽火台（2019 年）　　乔建设　摄

赵岭烽火台（2019 年）　　白会仓　摄

会处，北纬 35.871°，东经 106.748°。该烽火台为战国秦长城附属设施，遇有敌情时，即在烽火台上点燃烟火报警。现呈馒头形，保存状况一般。由于长期受风雨侵蚀，烽火台四周均有塌落。烽火台四周为耕地，残高 2.4 米，面积 24 平方米，周长 20 米。黄土夯筑，夯土层 0.09 ~ 0.11 米。

赵岭烽火台　位于长城村赵岭组，北纬 35.865°，东经 106.792°。作用与乔渠烽火台相同。现呈馒头形，保存较好，顶部有一松木三脚架，为 20 世纪 60 年代“农业学大寨”时插红旗用的旗杆，故烽火台所在地被村民称为红旗峁峁。烽火台东侧墙壁用土坯砌护，长 2 米，残高 3.3 米，周长 37 米，面积 44 平方米。黄土夯筑，夯土层 0.11 ~ 0.12 米。所处地势较平坦，东西两侧为沟，南北两侧为塬上台地。2010 年 3 月，被彭阳县人民政府公布为县级文物保护单位。

白马庙　又称白马天神庙、扶苏庙，位于白庙组，南连村委会，东接长城小学，北靠公路，坐北面南（北纬 35.861°，东经 106.787°），海拔 1665 米，占地面积 572 平方米（长 26 米、宽 22 米）。白马庙始建于明代天启年间（1621—1627），庙内有神殿、龙王殿、关爷殿、厢房 4 间；院中塑白马像 1 座，神坛 1 座，石碑 1 通；庙内放铁钟 1 口，铁磬 4 件。白马庙周围栽植各种树木，院内有明代龙须树 1 棵，院墙外有龙须树 10 棵。

白马庙一角（2018 年）

石碑 白马庙内龙须树下有一块石碑，立于清中前期，清同治年间战乱及“文化大革命”时期，该碑受到不同程度损坏，后当地村民用水泥将碑体进行修补。该碑体长 70 厘米，宽 18 厘米，高 150 厘米；碑座正面长 76 厘米，侧面上宽 38 厘米、下宽 50 厘米，高 40 厘米。碑座正面雕有两朵莲花，左右两侧各雕一只兔子，背面无雕刻。白马庙修缮之前，整个石碑被一朵有碗口粗细的白芨草笼罩，如果事先不知道这里有石碑，路过此庙的人很难发现。所以，民间有“你从长城塬上过，不知白兔白芨卧”的说法。碑文如下：

□祐台

明朝天启七年

……春建……会首赵□全……就……立……会……取资财……安五谷……佑我一方……之恩千……信……会首赵□全杨安业……王□元梁保时赵天芳李孟时苗位恩宋守瘃赵伯果张奉山王□梁□……李□清宋守臣邵尚成李孟学赵伯树伏进斗□□□梁东坎梁东□李□……□□元赵□英梁保才杨志林张喜元白□□□白亮王雄赵□□……□□□杨登科刘应君赵伯春宋□□赵□□……梁东注……陈天甫……

铁钟 铁钟位于白马庙院内东南角，1958 年大炼钢铁运动中被销毁。2011 年，村

白马庙石碑（2019 年）

白马庙铁钟（2019 年）

民集资重铸新钟。旧钟直径约 1 米，高 1 米；新钟直径 0.88 米，高 1 米。据村民讲，旧钟声音洪亮悦耳、铿锵有力，约有百年历史。

铁磬 白马庙内原有碗状铁磬 3 件，其中 1 件送给长城小学用来打铃，现存 2 件，分别置于主殿左侧偏殿内和主殿前砖砌神坛下方。2011 年又新铸 2 件置于主殿和右侧偏殿，底部磬边各有 3 个大小相同的圆孔。主殿铁磬外径 31 厘米，内径 28 厘米，通高 18 厘米，孔径 10 厘米；左侧偏殿铁磬外径 26 厘米，内径 25 厘米，通高 18 厘米，孔径 6 厘米；右侧偏殿铁磬外径 29 厘米，内径 26 厘米，通高 18 厘米，孔径 6 厘米；正殿前神坛铁磬外径 25 厘米，内径 24 厘米，通高 18 厘米，孔径 6 厘米，磬口有残缺。

龙须树 位于白马庙中央的龙须树，胸围约 3 米，树高 15 米，冠幅直径 14 米，两条裸露根形态美观，直径均为 50 厘米，分南北向伸展约 1 米扎入地下，主干不明显且离地面 1 米处分出两枝，直径相等均为 60 厘米，长高至 5 ~ 6 米处各自分出若干侧枝，侧枝纵横交错地形成正圆形树冠，树冠投影面积 154 平方米。传说，这棵龙须树树种是修筑战国秦长城的工匠从遥远的南方带过来的，筑长城背井离乡，种龙须树遥寄乡思。

明代龙须树（2017 年） 祁悦章 摄

庙院周围的 10 棵龙须树，树龄近 400 年，且枝繁叶茂，由院中大树自繁自育而生。2000 年彭阳县林业局调查登记，将庙院中的龙须树列为古树名木，加以保护。

扶苏墓 位于长城村文化广场西侧，北纬 35.861°，东经 106.786°，用砖墙围圈保护。传说秦国公子扶苏死后葬于此处，民间尊称公子扶苏为白马天神、白马爷，故又称白马爷坟、白马坟。

堡子 长城村境内的堡子大多数为清代、民国年间修筑，均建在黄土高原边角地带，就地取土筑起一面坚固高大的城墙，随

花园堡子（2019 年）　　　　张俊仓　摄

之形成难以跨越的沟壕（护城河），其他两面或三面无城墙，面临深沟或山崖，地势陡峭，无路攀爬，凭险防御匪患。俯瞰堡子呈不规则三角形、四边形。长城村境内的堡子主要有花园子堡子、陈庄堡子台堡子、叶寨沟堡子、蔺塬龙盘嘴堡子等。

花园堡子属军事碉堡，保存较完整。1943 年 9 月由国民党陆军高桂滋十七军新编高增级师窦子章六团二营（驻今城阳乡长城村余沟）驻守花园子的一个连监修，约一年完工。俯瞰碉堡呈三角形，北接花园子塬边，东西走向筑起一道城墙，长 35 米、高 2.8 米、上宽约 1 米、下宽约 3 米；沟壕宽 3 米、高 3 米；堡子最宽处 85 米。城墙内侧有两级台阶，阶高约 1 米。其他两面无城墙，面临深沟。东边有条约一米宽的便道，沿着陡峭山坡直通堡门。东面中间开一堡门，为洞穴式，直通堡院，原有双扇门，“文化大革命”中遭毁，不知去向。在西面沟崖上开挖 30 多个窑洞（窨子），相互间由可通一人的通道连接。

窨子　长城村境内的窨子属清代、民国建筑，是在塬边沟道黄土沟崖上挖凿的窑洞，与通常居住的窑洞大小相当，当地人称为窨子。有的在窨子崖壁另处留有透气孔，预防毒气、烟熏；有的窨子相互贯通，退守自如；有的窨子通往饮水泉井，便于补给等。或登木梯或沿台阶或走崖边小道到达窨子。大多数窨子修成后，有意把窨子前面除台阶外的土方去掉、削直，形成易守难攻的山崖，起到防御匪患作用。长城村境内的窨子主要有花园堡子西面沟崖、花园张世祥庄院左对面崖、陈庄曹家窨子嘴沟崖、蔺塬窨子沟崖、李玉荣庄院前洼沟崖、山庄赵新庄院沟崖、赵岭冯山西洼沟崖窨子等。

◉ 古窑洞

长城村窑洞式居所历史绵长。2013 年 4 月，位于彭阳县城西 7.5 千米的新石器时代打石沟（店子洼）遗址，发现 3 孔古人类窑洞，表明新石器时代彭阳境就有人类居住的窑洞，为宁夏窑洞鼻祖。

长城村村民修庄打院历来以避风、向阳、近水、易出行为首选地。长城村村民把一家人独立居住的场所称庄子，弧形崖面的庄子称“罗圈庄”，就地取坑挖窑为“地坑庄”。因修建地和建造形式不同，分为崖窑庄、地坑庄、半地坑庄等，以塬地崖窑庄分布最广。

长城塬是彭阳最大的黄土残塬，因此有较多地坑庄院，随着时代发展，人们居住形式的改变，崖窑很多被废弃，地坑庄被填埋。

崖窑庄崖面一般高至 9 米，长 17 ～ 23 米，正面挖窑，至少 3 孔或奇数，忌双数，侧面根据地形也可挖 1 ～ 3 孔窑。地坑庄和箍窑庄窑洞数量与崖窑庄相同。庄子最中间的窑一般高于其他窑，称主窑或大窑，家中长者或掌柜居住，或用于接待尊贵客人，是儒家伦理礼仪思想的体现；大窑右侧窑称偏窑，作为小辈们的住处；大窑左侧窑安灶台作为厨房，称家窑或灶窑、火窑。偏窑和家窑对称，高度相同。窑洞正上方留有天窗，可除窑洞内的湿气，窑洞门口正中偏右装有木门，左侧装有木窗，门和窗户上都雕有花纹，和陕北、陇东窑洞相比，花纹样式简单。大窑一般高 2 丈（10 米 =3 丈）余、宽 1 丈余、深 5 丈余，小窑高 9 尺（1 米 =3 尺）、宽 7 尺、深 3 丈左右，靠一侧取土尺余深砌炕。庄院正面呈现“中”字形或“天”字形的样式，蕴含“中庸之道”，长者居中则充分体现了“百善孝为先”的中华传统美德。

住人窑洞内最主要的陈设是炕和灶。家窑里通常炕灶相连，灶火的烟道经过炕底。窑洞内，把炕盘在窑掌（窑洞最里面）的叫掌炕，又叫忙上炕、爽堂子。一般盘掌炕的窑洞比较浅，通常宽 2 米，深 4 米。庄子两侧的斜窑、高窑或庄子外面的场窑（打麦场边挖的窑洞，打碾时，人晚上住在里面防止小偷偷盗粮食）盘掌炕。把炕盘在窑洞前面紧靠窗台的位置的叫前炕，一般庄子主崖面的窑洞盘的都是前炕。炕周围墙上一般贴上有图案的纸或画，称炕围子，不仅起到装饰作用，还能防止被褥和粗糙的墙面直接摩擦接触，保持清洁。炕围子高约 80 厘米，最高可超过 1 米。炕围画种类多样，有人物仕女、山水田园、花卉鱼虫、戏曲故事等，传递着主人家对美好生活的期盼。人们生活水平提高后，有的人家会用整片布或者壁纸做炕围子。

窑洞庄院冬景（2019年）

孙有亮　摄

半地坑庄（2019 年）

孙有亮　摄

长城村旧时的土灶多数是用黄土夯筑而成，一般安置两口锅，大锅用来烧水煮面、蒸馍、炒菜等，小锅又叫后锅，用来做汤、炒菜，分工明确，节省时间。

因用途不同，除了住人的窑洞和家窑外，还有场窑、羊窑、柴草窑、粮窑、井窑、磨窑、车窑等。

地坑庄　一般在平原大坳上修建，先将平地挖一个长方形的大坑，一般深 5 ~ 8 米，将坑内四面削成崖面，然后在四面崖上挖窑洞，并在一边修一个长坡径道或斜洞子，直通塬面，作为人行道。“进村不见村，树冠露三分；麦垛星罗布，户户窑洞沉”说的就是地坑窑，地坑窑冬暖夏凉的特点更为显著。长城村曾有过 7 处全地坑庄子，主要在陈庄组和白庙组，已全被填埋。现长城村中心小学、长城村村委会所在地曾都是地坑庄子，人民公社时期为集体所有，内设学校、代销部等，借居过较多人家。现陈庄袁家、赵家，白庙景家、崔家、刘家地坑庄子为个人所有，其中白庙刘家地坑庄子曾供学校使用过一段时间。

半地坑庄　类似于靠崖窑，修建于沟谷坡畔，修建方式和地坑窑

崖窑庄（2019 年）　　张智慧　摄

一样，由斜坡通道挖进去形成院落，再挖窑洞。长城村现存 12 个半地坑庄子，分别为叶寨牛家、赵家，花园祁家、曹家，乔渠赵家、乔家（3 处）、瓮家、赵岭赵家（2 处），蔺塬蔺家。

崖窑庄　利用山畔崖势修建的崖窑庄叫靠山庄。先将崖面削平直，然后修庄挖窑。庄院视野开阔，采光性好。选好地址，先修崖面，挖好大致方位后，取土时从竖崖面挖取一个坑道直达崖面，再左右开挖坑道直至露出整个崖面，崖面挖好修整后开始挖窑洞。修建在沟谷两旁的崖窑庄叫沿沟庄。视野和采光虽然不及靠山窑，但是离水源近，冬暖夏凉，可以躲避风沙。新挖好的窑洞干燥后，经过揎窑、抹泥、砌门肩等工序后才具备住人条件。

揎窑：修整窑洞，将窑洞拱顶修圆平，窑壁修对称垂直，地面前高后低，前后宽窄一致。抹泥：抹第一层泥时和泥的土要干燥，拌上铡好约 10 厘米长的麦秸和少量麦衣。待干透后抹第二层泥，和泥时拌上筛子筛后的细麦衣。和第二层泥时可加入细石灰，抹出来的窑洞墙壁细腻、光滑。砌门肩：在窑洞门口用打好的胡基（土坯）砌一道墙，并安装门窗。砌好门肩后，按照窑洞的功能，在窑洞里盘炕或砌灶台。最后将崖面修整，用镢头修刮成水波等花纹，简洁美观大方。

箍窑（2017 年）

祁悦章　摄

地窨　庄院地下挖地道，地道内挖若干窑洞称地窨，用来存放粮食、水、灯油等，或遇匪躲避。因为地窨工程量浩大，一般一户族集中挖一个地窨，地道约 500 米长，留有通风口，一个地窨可以住上百人，拴百十头牲畜。

高窑　在窑洞上面的崖面再挖窑洞称高窑，主要功能为存放贵重财物或躲避土匪。挖高窑的崖面高度需在 20 米以上。上高窑一般不用台阶，在高窑下方挖些浅土窝方便脚踩。高窑门口栽上木桩，拴上绳梯，如有匪情人们迅速攀绳而上，然后收起绳梯。有的人家在上高窑里挖一条直通底下窑洞的暗道，将出口伪装、隐蔽。

拐窑　在窑内一侧挖一小窑洞，叫拐窑。多为储藏贵重物品或粮食、蔬菜用，让主窑内看起来更整洁。

箍窑　人工在平地用胡基（土坯）垒砌（箍）成的形似窑洞的建筑，《固原县方言志》中写道“用土坯箍成的窑”。箍窑用的胡基有特制“基母”，呈梯形，做箍窑顶转 180° 成半圆形。箍窑需请专门匠人，建造成本高，当地人很少建。近年来，长

窑门（2017 年）

城村开始流行用砖做箍窑，保留窑洞的形象。长城村有9个箍窑，分别为蔺塬蔺家，白庙景家、崔家，乔渠赵家，花园白家（2处）、祁家，赵岭甄家，叶寨李家。

◉ 古树

长城村传统树种有杨树、柳树、槐树、榆树等，果树有杏树、桃树、梨树、李子树、苹果树、核桃树等。改革开放以来，引进松树、新疆杨等品种。百年古树有白马庙院龙须树、金岔榆树、叶寨大柳树（3棵）、乔家渠槐树等。国家退耕还林还草政策实施后，长城村生态环境发生了显著变化，年降水量显著增加，有利于植被生长。道路两旁，庭院山间，春天百花齐放，夏日郁郁葱葱，秋天金黄遍野，冬日雪压枝头。

百年榆树（2019年）　　祁德儒　摄

龙须树　又称榆杨木，学名丝棉木，叶子形状既像榆树叶又像杨树叶，属卫矛科植物，为典型的南方树种，在宁夏乃至西北五省非常少见，宁南山区仅有百余棵。

长城塬曾有3处地方长有龙须树，一是白马庙院内1棵院外10棵，二是陈庄李世学家崖背1棵（被截断，后枯死），三是涝池村张沟圈战国秦长城城障处33棵。俯视长城塬，战国秦长城如一条长龙盘踞在塬上，张沟圈城障宛如龙头，33棵树木好似龙须，因此当地人称“龙须树”。

榆树　榆科落叶乔木，喜光，耐旱，耐寒，耐瘠薄，不择土壤，适应性强。根系发达，抗风力、保土力强。生长快，寿命长，抗污染，叶面滞尘能力强。

长城村榆树分布广泛，其中最著名的为金岔祁家大院北边大榆树（北纬 35.881°，东经 106.770°），高约 14 米、1.5 米处胸径 1.2 米，树龄 130 余年。

槐树 又名国槐，豆科槐属植物，树型高大，其羽状复叶和刺槐相似。花为淡黄色，可烹调食用，也可作中药或染料。未开槐花俗称“槐米”，是一种中药。花期在夏末，和其他树种花期不同，是重要的蜜源植物。花和荚果入药，有清凉收敛、止血降压作用；叶和根皮有清热解毒作用，可治疗疮毒。种仁含淀粉，可供酿酒或作糊料、饲料。皮、枝叶、花蕾、花及种子均可入药，长城村村民称“槐树全身都是宝”。

古槐树（2019 年） 李静 摄

槐树在长城村分布广泛，最有名的一棵位于乔家渠乔得雄家的大院里，距今已近百年，树高约 15 米，1.5 米处胸径 0.52 米。

◉ 古井、泉、涝坝

古井 长城村共有 20 口井，分布在 10 处，其中百年老井有 3 口。乔洼金岔壕祁家、乔家的两口百年老井，以日出水量大，水质甘甜，闻名塬上，被村民誉为“吊不干的井”。乔渠乔家大院内的老井百年来供乔家世代饮用。1935 年 10 月，毛泽东率领陕甘支队长征过长城塬时，红军指战员饮用过这三口井的水，其中乔渠乔家井供毛泽东等人饮用，因此这三口井又被后人亲切地称为“红军井”。

泉 长城村曾有泛水泉眼 16 处，是早期村民最重要的饮水水源地，其中小寺沟泛水泉一昼夜流水量 126 立方米，蔺塬吴岔沟泛水泉一昼夜流水量 84 立方米，乔洼白岔沟泛水泉一昼夜流水量 56 立方米。村民虽多年不在泉中取水，也未曾掏泉，但截至 2018 年，白家老庄沟道、蔺家湾沟道、白草咀沟道、吴家岔沟道、老庄台水源地、小寺沟道、叶寨沟道水流量依旧较大，只有韩家湾沟道水已经干涸。

中华人民共和国成立前长城村泛水泉分布及供水保障范围统计表

表 2

分布范围	分布地点	供水保障范围
花园子	曹家堡	2 个队 110 多户 500 人左右
	白家老庄子	20 户 100 人左右
陈庄	余家塔	40 户 200 人左右
	梁家山	40 户 200 人左右
蔺塬	蔺家湾	80 户 400 人左右
	吴家岔	7 户 30 人左右
乔渠	乔渠白草咀	50 户 200 人左右
	老庄台水源地	50 户 200 人左右
	韩家湾	10 户 50 人左右
小寺	小寺	30 户 400 人左右
	牛嘴	100 人左右
乔洼	乔洼	30 户 150 人左右
	白岔	60 户 300 人左右
叶寨	山庄	20 户 100 人左右
	叶寨	70 户 350 人左右
赵岭	赵岭	60 户 300 人左右

涝坝 又称涝池、水坝。长城村村民除饮用井水、沟道泛水外，还自建涝坝协调用水，供牲畜饮用，也可供他用。涝坝往往建在村头或村中，从早到晚，男女老少围着涝坝，或挑水、抬水，或在涝坝边洗衣服，你来我往，好不热闹。傍晚，全村的驴马骡牛羊都被赶到涝坝边饮水。涝坝的蓄水不卫生，尤其在夏天，人畜共用，癞蛤蟆、蚊蝇等大量繁殖，水质混浊，饮用后对身体健康不利。但受自然环境所限，涝坝一直是长城村民人畜用水的重要水利设施。直到 20 世纪 80 年代中后期，家家户户修建了水窖，涝坝

才退出人畜饮水的历史。

长城塬共有 10 个较大的涝坝。红军长征时曾饮用塬上 3 个涝坝水，因此被村民称为“红军涝坝”。叶寨杨家附近和蔺塬蔺家附近的涝坝比较大，深约 5 ~ 6 米，花园蔺家附近有 2 个涝坝，乔渠瓮家附近有 1 个涝坝。另外 2 个是陈庄刘庄凹涝坝和白马庙后的涝坝，2004 年因为生产建设需要被填埋。

古钱币

长城村村民家中收藏的古钱币，远至商周，近到清末民国，历朝历代都有，其中以宋代、清代居多。

贝币 商骨贝，自然贝状，正面有一凹槽，呈锯齿形，背面磨孔。长 2.9 厘米、宽 1.9 厘米、厚 1.2 厘米，呈乳白色。

铜币

秦半两 方孔，内外无郭，凿边，未磨。标本直径 3.1 厘米、孔径 1.2 厘米、厚 0.12 厘米，钱文右读。

汉五铢 直径 2.6 厘米、孔径 1 厘米、厚 0.15 厘米，穿上一横郭，篆文，五字较直，

村民收藏的古钱币（2019 年）

朱字上下皆方折。

货布 体长5.7厘米、宽2厘米、厚0.2厘米，足长1.9厘米、宽0.8厘米，平肩，倒梯形首，上有一圆孔，与裆中部有一直凸线相连，足部较平直，钱文为悬针篆，右读。

唐开元通宝 钱文右背星、月和背字及其他纹饰。钱文为欧阳询制词并书，文字端庄，在篆隶之间。直径2.4厘米、孔径0.7厘米、厚0.1厘米。

宋崇宁通宝 铜质，直径3.5厘米、孔径0.8厘米、厚0.15厘米，铁划银钩，精美异常。

宋大观通宝 有铁铜之别，钱文为瘦金体。直径2.5厘米、孔径0.64厘米、厚0.1厘米。

明万历通宝 版本较多，标本直径2.5厘米、孔径0.55厘米、厚0.1厘米，真书。

清洪化通宝 清初吴三桂铸钱，直径2.4厘米、孔径0.6厘米、厚0.1厘米，楷书。

清康熙通宝、乾隆通宝、道光通宝、同治通宝、光绪通宝、宣统通宝等版本较多。清代、民国铜币版本较多、收藏广泛，不一一列举。

长引工程与增收产业

扬水洒山塬，甘露润群生。旱塬变水田，解用水难，促产业兴。如今的长城塬，春日烂漫山花装扮沟壑梁峁，盛夏平川田野孕育丰收希望，金秋美丽万寿菊装扮塬上，冬天皑皑白雪兆丰年……长城村韵，诗意栖居，红色热土，旅游胜地。故乡的田野土地，故乡的田园民风，故乡的增收产业，永远是村民们难以割舍的牵挂，不想离开的依恋！

◉ 长城塬引水灌溉兼人畜饮水工程

长城塬引水灌溉兼人畜饮水工程（简称长引工程）是宁夏回族自治区“九五”期间批准投资建设的重点工程，项目涉及城阳、彭阳、崾岘、草庙 4 个乡 13 个行政村，包括白庙在内的 131 个自然村、2.13 万人、0.76 万头大家畜、2.31 万只羊（猪）的饮水问题。长城塬（含城阳乡长城村、涝池村等）属黄土高原农耕区，长期以来，干旱缺水是制约当地经济社会发展的首要因素。

长引工程总投资 6680 万元，分两期完成。一期水源工程石头崾岘水库于 1998 年 10 月开工，2000 年 10 月完工；二期引水工程于 2000 年 8 月开工，2002 年 10 月完工。长引工程结构复杂、工序繁多，种类施工技术和难度几乎涉及水利工程的所有建设项目，被专家称为“宁夏水利博物馆”。该工程的投入使用，使长城塬 4.16 万亩农田灌溉有了保障，其中自流灌溉 8600 亩。

立项开工 1958 年年初，固原回族自治州农业局曾提出在长城塬以西的小河川袁老庄附近修建水库的设想。11 月，刚成立的宁夏农业勘察设计院和固原专区农业局对此方案进行实地勘察。20 世纪 70 年代中期，固原县水电局专家又提出在袁老庄上游石家峡修建水库的方案，并列入固原县“六五”水利建设重点工程。但由于多方面的原因，这一次一次的努力都未能如愿。

1984 年，刚成立不久的彭阳县委、县政府、县人大、县政协四大机关提出建县以来的第一个水利建设项目长引工程。此后的数年时间里，彭阳县各方始终未放弃努力，长引工程的考察论证工作日臻完善。

长引工程水源地石头崾岘水库（2019 年） 祁悦章 摄

1995 年 3 月，宁夏回族自治区计划委员会批复《彭阳县长城塬引水灌溉兼人畜饮水工程项目建议书》，同意立项建设长引工程。4 月，固原地区水利勘测设计院完成长引工程可行性研究报告。1997 年 3 月，宁夏回族自治区七届五次人民代表大会，将长引工程建设列为人大议案重点办理。5 月，固原地区水利勘测设计院历经两年多的实地测量、地质钻探、规划布设、详细计算，完成“彭阳县石头崾岘水库初步设计”“长城塬引水灌溉兼人畜饮水工程初步设计”方案。

长引工程纪念雕塑（2019 年）
李晓玲　摄

1998 年 3 月，宁夏回族自治区人民政府原则同意兴建长引工程，并在当年安排前期经费，开展前期论证立项工作。5 月，彭阳县成立长引工程建设指挥部。下半年，国家推行扩大内需政策，加大基础建设投资力度，长引工程开工上马遇到绝好机遇。10 月，宁夏回族自治区计委正式批准该工程开工建设。11 月 18 日，长引工程正式开工。

工程建设　长引工程是由水源工程和引水工程两部分组成。水源工程石头崾岘水库为一期工程。建浆砌石溢流重力坝 1 座，坝高 22.4 米，总库容 1552 万立方米，其中淤积库容 608 万立方米，防洪、兴利库容 944 万立方米；建输水渠道 2.74 千米，其中渡槽

长引工程长城塬蓄水池（2019 年）　杨巨辉　摄

2 座 180 米，隧洞 4 座 1315 米。二期引水工程分自流灌溉、扬水灌溉、人畜饮水 3 个单项工程。建扬水泵站 2 座，净扬程 217.95 米，一泵站 119.7 米，二泵站 98.25 米，年扬水总量 544.3 万立方米。引水上塬干渠 2 条 19.9 千米，设计流量为 1.2 立方米 / 秒；配套支、斗渠 108 条 78.11 千米，铺设管灌、喷灌管道 15 条 20.7 千米。建一、二泵站 35 千伏变电所各 1 座。建人畜饮水泵站 1 座，净扬程 92.9 米。建设供水干、支、毛管道总长 4731 千米，年供水量 48.3 万立方米。工程总工期为 4.5 年，分两期实施。

平整土地 为使珍贵的水资源得到充分利用，项目区内进行了大规模的平田整地，工程由项目实施部门负责完成。2001—2003 年，长城村共平整土地 7000 亩，其中白庙组平整土地 430 亩，所有土地均为水浇塬地。塬区布设村级道路及主林带，路面宽 5 米，高出地面 0.5 米；沿支渠布设生产道路，路面宽 2.5 米，高出地面 0.3 米；沿斗农渠布设田间道路，路面宽 2 米，高出地面 0.3 米。

灌区配套 2003 年 8 月，长引工程二期重点项目之一的灌区配套工程全面竣工。总投资 638 万元，包括渠、田、林、路及居民点布设。田间配套工程开发灌溉面积 3.11 万亩，其中长城塬灌区 2.3 万亩（小畦灌 1.78 万亩、低压管灌 0.44 万亩、自压喷灌 0.1 万亩），干渠所经丘陵地段窖蓄灌溉水平梯田 0.8 万亩；改善彭阳、吴川两自流灌区灌溉面积 0.86 万亩。设支、斗、农三级固定渠道，支、斗渠为输配水渠道，农渠为灌溉渠道。

长城塬灌区覆盖城阳乡长城村、涝池村、城阳村 3 个行政村，总土地面积 2133 公顷，规划有效灌溉面积 1667 公顷，占全县塬地面积的 42%。已修成高标准水平梯田，配套支渠 6 条长 9.43 千米，斗渠 2 条长 2.26 千米，农渠 58 条长 44.16 千米，铺设喷灌、低压管道 10 条，长 15.7 千米，建成各类渠系建筑物 5068 座。

干渠沿线空流段灌区位于长引工程两条引水干渠两侧，包括白阳镇陡坡村、白岔村和城阳乡长城、涝池村的部分水平梯田和壕掌地，面积 1400 公顷。自流灌区位于石头崾岘水库下游茹河川道，辐射茹河两岸川地，灌区全长约 9 千米，平均宽 1 千米，总面积 573.3 公顷。

更新改造 2018 年，在长引工程基础上对石头崾岘水库进行除险加固，实施长城塬高效节水灌溉工程。更新改造工程包括水源、泵站和田间工程，全面更新改造石头崾岘水库和长引工程。主要建设内容有：维修泵站主副厂房及生活区管理房，扩建副厂房，新建过滤间 4 处（建筑面积 357.6 平方米），节制闸、退水闸 6 座，250 立方米泵站前池 1 座、0.3 万立方米调蓄水池 1 座，铺设干管 21.34 千米、分干管 31.91 千米、支管 72.96

千米、滴灌带4972.32千米，建各类阀井145座、穿路建筑物17座、穿渠31处、出水栓保护井411座，维修1万立方米蓄水池1座；安装水泵阀门8台（套）、闸门及启闭机6台（套）、配套水泵7台（套），315千伏安变压器1台、80千伏安变压器1台、50千伏安变压器2台，砂石+叠片过滤器8套，注肥系统8套；实施调度中心办公设备及软件工程、扬水泵站、调蓄水池、首部过滤车间及输配水主干管道自动化设备、视频监控及安防设备、田间商情检测系统等自动化工程。工程概算总投资2087.51万元，建设发展高效节水灌溉面积1.01万亩。

◉ 增收产业

数百年来，彭阳县农业经济以传统种植业为主，冬小麦是彭阳农民亦是长城塬村民种植的主要粮食作物。由于长期干旱缺水，粮食产量低且不稳定，村民把几亩薄田当作“命根子”，一代代守着广种薄收的耕作方式，延续着“种了一料子，收了一抱子，打了一帽子，刚够投酵子（发酵面）”的生产模式，艰难度日。随着长引工程的竣工运营，长城村围绕农业供给侧结构性改革，对种植业结构进行调整，立足资源、突出特色、发挥优势，发展“一村一品”富民产业，培育红梅杏、菌草、万寿菊、中药材及红色田园农家游等地方特色板块产业，带动贫困群众在产业链上脱贫增收，实现小特色大产业增产增收。

红梅杏　长期以来，长城塬的村民习惯于在房前屋后、田边地角及河边路旁植树，其中大多为山杏树，杏果可以食用，也可做成杏干、杏核，拿到附近集市上卖出，增加收入，杏枝可解决用材、燃料所需，但杏子品质较差，味道酸涩。2004年，彭阳县林业局将金岔、蔺塬610亩农民土地统一规划，按退耕还林标准兑现补贴，建立经果林示范园，统一引进树种，栽植建园，其中栽植李子310亩，栽植从山东引进的杏子新品种金太阳、凯特、景寿300亩。2007年，园内果树开始挂果，但因技术管理、销售市场等诸多原因，效益低而不稳。是年，县林业局指派蔺少刚到长城塬担任技术指导员，经2007—2008年两季试验，当地的杏种品质仍然较为酸涩，市场效益仍不见起色。

2009年，彭阳县委、县政府把发展林果业列为全县四大特色优势产业之一，提出在长城塬建立生态农业示范区，财政投资2000万元，在示范核心区发展杏子、核桃、花椒等特色经济林2000公顷，其中杏子布局在长城村蔺塬、乔渠，涝池村祁庄、西嘴、沟圈。是年，县林业局开始大力支持农户种植庭院果树，长城村庭院果树规模达到500亩。

红梅杏基地（2019 年） 林生库 杨巨辉 杨平梅 摄

2009 年春，长城村从固原市原州区河川乡上黄村、甘肃宁县、白阳镇周沟村李寨组采集红梅杏种条，在经果林示范园内将原有 10 亩杏树高接换种。2010 年 7 月初果期，所产红梅杏肉厚多汁、色泽鲜艳、清甜中透着一股淡淡的酸味，一进入市场，便备受市场推崇，供不应求。每千克红梅杏卖到 20 元，亩产达 120 千克，亩收入达 2400 元。2011 年盛果期，亩产 600 千克，每千克 20 元，亩收益达 1.2 万元。2010 年，县林业局技术员韩占良下派至长城村，将经果林示范园内剩余 290 亩杏苗承包，全部高接换种。2011 年 7 月初果，收入近 10 万元。2012 年春，蔺少刚在长城村自家承包地种植红梅杏苗 30 亩，盛果期亩产 400 多千克，亩收益达 8000 元。在蔺少刚、韩占良的示范带动下，长城塬先后成立了彭阳先锋设施果树生产专业合作社和彭阳县金凯杏子营销农民专业合作社，采取“合作社 + 农户”的运营模式，既负责杏树培育、营销，也为村民提供技术指导。

采摘后的红梅杏（2017 年） 孙有亮 摄

2011 年，县林业局争取资金项目，借长城塬实施的“三个一万亩”经果林基地项目，种植红梅杏 1 万亩，其中长城村种植约 4000 亩。前两年为幼树期，2012—2013 年连续两年春季，红梅杏花苞期逢霜冻，坐果率不高，致使长城塬的红梅杏两年未见任何效益。一些村民便挖掉承包地里的红梅杏树，最终剩下不到1000亩。蔺少刚、韩占良除抚育自己承包种植的经果林示范园做示范外，还精心向农户传授红梅杏栽植管理技术，一户户指导浇水、施肥、修枝、疏花，帮助村民们寻找销路，让农民增收、让农产品增效，打消农民复耕念头。2015年，长城塬已有的1000多亩红梅杏进入盛果期，亩产纯收入均在1万元以上。是年，长城塬建立“彭阳县红梅杏休闲观光采摘园”，扩大外界对产品品质和当地独特的杏文化认知，提升红梅杏品牌知名度，初步形成具有地方特色的产业发展格局。2016年，“彭阳红梅杏”通过国家地理标志产品保护技术审查。是年，荣获全国名优果品区域公用品牌，该认证为红梅杏在线销售开辟了新途径，红梅杏衍生产品也取得新进展。杏脯、杏仁、杏仁油、杏仁粉等一系列红梅杏深加工产品的线上、线下销售，也得到了消费者的认可。2017年，彭阳县气候温润，红梅杏产值创新高，长城塬未复耕的红梅杏种植大户获得很好的收益。

受收入驱动，彭阳县兴起了栽植红梅杏脱贫致富的热潮。2017—2018年，正值全县脱贫攻坚决胜期，为让百姓真正脱贫致富，共享发展成果，彭阳县因势利导发展红梅杏，整合项目资金2778.2万元，在全县实施庭院经济红梅杏产业发展项目，对栽植红梅杏树积极性高的农户进行苗木、整地等补贴，每亩补贴近1000元，支持农户发展庭院经济，当年完成种植面积2.66万亩，其中长城塬新增种植面积2000亩，村民房前屋后都栽植上了红梅杏树。

随着红梅杏种植规模扩大，不仅给种植户带来了收益，每到7月杏子成熟期，种植户自家忙不过来，雇用临时工，每人每天100元工费，仅长城塬种植户每年工费支出就

杏产品系列（2018年）　　陈玉　摄

达 30 万元。

彭阳独特的光、热、水、肥、土壤条件，经过多年生产实践，培育出具有独特风味和优良品质的“彭阳红梅杏”品牌。该红梅杏色、香、味俱全，果实半红半黄，晶莹剔透，圆润饱满，食之甘甜，满口留香，富含钾、硒和维生素 C；核仁饱满，稍浑圆，甜中带麻，属上等硬果。杏果除鲜食外，可制成杏干、杏脯、杏汁、杏仁酥等各种产品，具有一定的膳食和养生价值。

彭阳县林果发展有限责任公司和彭阳县果品开发有限公司是两家专门以开发杏系列产品为主的果品加工龙头企业，两家企业年均生产能力 1000 吨，产值达 2500 万元，“茹河”“云雾山”两大果脯品牌入选宁夏老字号。“彭阳红梅杏”由于市场认可度高，每年都供不应求，远销全国各地，赢得客户的好评，每千克售价 20 ~ 30 元，产值逐年增加，已成为当地农民增收致富的“金豆豆”。截至 2018 年年底，彭阳全县已建成长城塬等“彭阳红梅杏”示范基地，面积约 5 万亩，产量达 10 万吨。成立“彭阳红梅杏”合作社和家庭农场 30 多家，组建彭阳县红梅杏产业联盟科技协会，鼓励支持科技干部带头承包示范园区，扶持两家龙头企业，促使红梅杏产业向“规模化、品牌化、高端化”发展。

2016 年，彭阳县加大扶持电商发展力度，制定了《2016—2020 年彭阳县电子商务扶贫工作规划》，搭建彭阳县电商孵化园。返乡创业者徐宁在电商孵化园创办了一家电商企业，线上销售以红梅杏为主的彭阳农副产品。由此，彭阳县依托红梅杏这一“拳头”特色农产品，打响了一场电子商务进农村的攻坚战。6 月 14 日，京东 · 中国特色 · 彭阳馆和线下体验馆正式开馆运营，依托京东巨大的流量和生鲜电商优势推动彭阳农特产品尤其是红梅杏的销售。彭阳县三泰科技实业有限公司整合彭阳境内中通、圆通、韵达、万家通、优速、汇通等多家快递分支公司，在县内 80% 的乡镇布设网点，带动农民增收致富。2017 年，红梅杏全年实现销售收入 5000 万元，电商销售突破 500 万元。以蔺怀柱为代表的长城村红梅杏种植大户，结合电商平台销售红梅杏。2017 年 7 月 10 日红梅杏上市后近半个月时间，蔺怀柱家 20 亩红梅杏就卖了近 20 万元。

红梅杏产业也带动了苗木产业的兴起。2018 年，长城村苗木种植范围已扩大到乔渠、蔺塬、白庙等 9 个组，苗木种类有山杏、山桃、红梅杏、彩叶树、刺槐等，种植总面积达 2000 亩，年苗木增加收入 160 余万元。

梯田杏花（2011 年）

郭勇　摄

实施乡村振兴战略，关键在于产业兴旺。长城塬在绿水青山的底色上，发展红梅杏果业，已成为农民增收的新亮点和农村经济发展的增长点，实现了生态建设和脱贫富民互促双赢。

菌草 1996 年，由闽宁两省援建、宁夏回族自治区科技厅和彭阳县人民政府共建的全区唯一以食用菌标准化生产为主的农业科技示范园区——长城塬闽宁现代循环农业科技示范园建立。自此，由彭阳县科学技术局引进的福建食用菌生产技术，在长城塬进行试验和示范。

园区历经 20 余载发展，实现了由最初的原始土棚到现在的标准化智能控温控湿棚，招聘大学生试验试种到规模化集约化生产、十几名工人到创造 500 多个就业岗位、日产鲜菇达 15 吨，年产值达 2000 万元的现代农业示范园的转变。现占地 500 亩，累计投资 3500 万元（其中福建省援建资金 1500 万元）。建有标准化出菇室 360 间，现代化生产线 2 条，引进和培育生产企业 4 家（彭阳县福泰菌业有限责任公司、彭阳县福宁菌业科技有限公司、固原博泰农业科技有限公司和彭阳县聚财种植农民专业合作社），驯化出适合长城塬特殊环境条件下的菌种——杏鲍菇、海鲜菇、鸡腿菇、真姬菇、平菇、双孢菇、秀珍菇等珍稀食用菌产品。2009 年 11 月，“六盘山珍”商标经国家工商行政管理总局商标局公示批准使用。 2011 年 8 月，杏鲍菇和鸡腿菇被农业部认定为有机产品。2012 年 12 月，“六盘山珍”食用菌被宁夏回族自治区质量和商标战略工作领导小组授予宁夏名牌产品。2016 年，“六盘山珍”商标被宁夏回族自治区工商行政管理局认定为第十届宁夏著名商标。2017 年，“六盘山珍”杏鲍菇和鸡腿菇荣获“第十一届中国国际有机食品博览会暨 BioFach China 2017 产品金奖”。2018 年 4 月初，县科技局从河南省三

长城塬闽宁现代循环农业科技示范园（2018 年） 张翔 摄

金针菇（2018 年）　孙有亮　摄

采杏鲍菇（2018 年）　孙有亮　摄

门峡市卢氏县引进 2 万袋香菇菌棒进棚上架，标志着香菇试验示范种植项目正式落户长城塬闽宁循环农业科技示范园。

园区探索出草—菇—畜—田循环农业经济发展新路子，主要以玉米、万寿菊、药材秸秆、紫花苜蓿和柠条为原料生产食用菌，配套自动化控温控湿设备，实现食用菌周年化生产。利用食用菌生产废料制作生物有机肥和生物饲料，发展种养业，实现资源永续利用和生态可持续发展。年转化利用玉米芯、玉米秆、紫花苜蓿及食用菌废菌废料 3000 多吨，制作生物饲料及有机肥 5000 余吨。作物秸秆给周边农户提供收入 30 万元以上。2018 年，园区被自治区科技厅认定为“彭阳县现代循环农业（食用菌）科技示范展示区”。2018 年，园区引进的固原博泰农业科技有限公司注册了“六盘云”品牌饲料。园区以农业废弃物循环利用、食用菌种植、生物饲料、有机肥料制作、休闲食品加工和采摘观光旅游为一体的综合创新示范展示区，注重废料利用，发展循环经济。

园区形成“科技特派员 + 企业（合作社）+ 基地（园区）带农户”运行模式，创新由技术成熟的科技特派员捆绑、带动、培养新选聘的大学生和新型农民的人才循序滚动培养机制，为创业大学生及当地农民工提供了更多就业机会。累计选派 30 名大学生科技特派员入园创业，培养食用菌技能型骨干人才 20 名、食用菌技术工人 350 人。采取企业生产菌袋、农户管理出菇、企业回收产品统一销售的办法，带动 9 户贫困户参与生产，户均增收 1.5 万元以上。现有 260 名农民工入园务工，年劳务费近 100 万元。2007 年，被彭阳县确定为彭阳大学生科技特派员农村创业基地、彭阳大学生科技创业就业孵化园。2010 年 10 月，园区被宁夏回族自治区人民政府授予优秀创业基地。2011 年 9 月，被宁夏回族自治区人才工作协调小组授予全区先进专家服务基地。2012 年，被确定为全区 120 个现代农业科技示范基地之一。2013 年，园区被区党委组织部、人社厅确定为农村实用人才培训基地和实训基地。2015 年，被宁夏大学确定为研究生联合培养基地。长城塬闽宁循环农业科技示范园已经成为附近农民的技能培训园、就业创业园、脱贫增收园。

万寿菊　2016 年，彭阳县为培育优质旅游资源、延长产业链，大力发展观光农业，在孟塬乡试种万寿菊 3000 亩，亩产鲜花达 2500 千克，亩均纯收入突破 2500 元，带动就近务工约 9000 人次，实现务工收入 80 多万元。试种成功后，正值全县推进农业供给侧结构性改革，推动特色板块升级，拓展农民增收致富渠道，将种植万寿菊作为农民增

万寿菊（2017 年）

收致富的新亮点在各乡镇进行大面积种植，增加农民收入，助力脱贫攻坚。

2017 年，长城村叶寨组引进并规模种植万寿菊 200 多亩。是年，长城村万寿菊种植主要分布在叶寨和蔺塬组，花园组杨世忠（种植 12 亩）、蔺塬李玉忠（种植 8 亩）均是当年种植大户。是年，长城塬春夏连旱，遭遇有气象记录以来气温最高、旱情最重的年份，旱地小麦、玉米、马铃薯、糜子、荞麦等庄稼严重减产，但万寿菊却长势良好。7 月，长城塬 200 亩万寿菊进入盛花期，大户种植万寿菊提供了大量就近务工岗位，为农民增收拓宽了渠道，采花务工人均每天收入 100 元，仅万寿菊产业用工收入约 16 万元。万寿菊在长城塬落户第一年，亩产量达 2500 千克，亩均纯收入 2000 元，成为长城塬农民旱年脱贫增收产业之一。

李有璋 摄

采摘万寿菊（2018 年） 孙有亮 摄

万寿菊属观赏性经济作物，花期长达 100 天，在盛开时节，规模化连片种植的万寿菊将长城塬点缀得分外美丽，吸引县内外赏花游客达数万人次，在种植万寿菊增加农民收入的同时也带动乡村旅游业发展。

2018 年，长城村万寿菊种植规模进一步扩大，范围遍及全村 9 个组，总面积达 178 亩，其中花园白富仓（种植 30 亩）、蔺塬周红（种植 15 亩）等均是当年的种植大户。由于雨水较多，万寿菊长势旺盛，每亩纯收入均达 2500 元，务工收入 17.8 万元，旅游收入 600 余万元。

如今，长城村民已有种植万寿菊的丰富经验，万寿菊鼓起了村民的钱袋子，成为村民的“脱贫花”。

中药材 长城塬气候温凉，自古以来就适于秦艽（又称“大叶龙胆”）、柴胡、梳背子（又称“知母”）、甘草等上百种野生中药材生长，但从未人工驯化种植。20 世纪 70 年代，长城大队群众自发从邻近的甘肃平凉、镇原等地引进党参、生地在自留地种植，取得良好的经济效益，但规模很小。80 年代初，实行家庭联产承包责任制后，村民有了土地种植自主权，种植中药材的农户有所增加，规模也较之前有所扩大，种植户种植面积一般为 1 ～ 3 亩，药材种类有党参、生地、银柴胡等。当时山庄组赵国仓种植党参近 10 亩，收入可观，是本村中药材种植大户。

80 年代末，乔渠组瓮海杰从泾源县贩回银柴胡籽和党参苗，除自己每年种植 10 亩外，剩下的卖给塬上其他农户育苗、种植，塬上中药材种植规模逐渐扩大。90 年代初的长城村还是全县贫困村之一，时任村党支部书记李玉荣带领村民种植中药材，改善经济状况。他专门前往甘肃省华亭县马良乡考察，购回党参苗等中药材品种，除在自家地里试种外，将剩余的分给村民们种。在他的带领下，村民种植的中药材品种越来越多，主要有党参、柴胡、黄芪、生地、板蓝根、红花等。是年，蔺塬组李玉忠仅黄芪就种植 12 亩，是当地的种植大户。此时，长城塬中药材发展已具雏形，但仍未有大的作为，既没有走出农业产业化路子，也没有突破工业化瓶颈。

进入 21 世纪，长城塬村民凭借特有的土壤（无任何工业污染）、水质、海拔、气候、生态等条件，依靠积累的中药材种植经验及掌握的栽培技术，不断做大中药材产业。人工训适栽培品种繁多，主要有党参、柴胡、黄芪、黄芩、生地、板蓝根、红花、芍药、茵陈、甘草等，种植规模也逐步扩大，多数村民种植党参、黄芪、黄芩都在 3 ～ 5 亩，长城村中药材种植面积达 800 亩。其中，白庙组王宝忠种植板蓝根 8 亩，是当地的种植大户。经过多年种植，药农普遍掌握各种药材种植技术，药材亩产量、效益不断提高，市场前景好，深受客商青睐，中药材提供种植户亩均纯收入 2000 元以上。

2013—2014 年，由县科技局牵头，在涝池村和长城村交界处，将当地村民土地流转，统一规划建设六盘山道地中药材种子种苗繁育规范化种植科技示范园 2300 亩，其中长城村种植约 1000 亩。彭阳县为打造成六盘山地区具有重要影响的绿色“药谷”，依托脱贫攻坚产业扶持政策，采取龙头企业引领、合作社订单收购、基地示范带动、

打成捆的中药材（2018 年）　　韩万里　摄

中药材产品系列（2018 年）　　韩万里　摄

农户积极参与的“企业 + 合作社 + 基地 + 农户”的方式，推动中药材产业发展，并确定以彭阳县壹珍药业有限责任公司等 3 家龙头企业为主，建立高标准示范基地，与农户签订中药材订单种植收购合同，构建利益共享、风险共担的中药材产业联合体，减少农户种植风险。在药材合作社及药业公司的带动下，城阳乡形成了以长城塬药材种植示范园为中心，辐射北塬、沟圈、杨塬等村的药材种植基地，且产量高、销售畅通，市场化运作、产业化经营的格局初步形成。长城塬示范园年产药材约 6000 吨，实现利润约 4000 万元，带动就近务工收入约 2000 万元。药材主要销往河北、安徽、湖北、甘肃等地，中药材种植已从当地几代人养家糊口的辅助手段，逐步转变为脱贫致富的有效途径之一。

同时彭阳县充分利用新时代农民讲习所主阵地，加强技能培训，普及中药材产业新技术，选派技术人员为种植户开展产前、产中指导。2017 年，长城村有 200 多人次参加中药材种植培训。同时，加大政策扶持力度，对集中连片新种5亩以上苗栽黄芪、黄芩、党参每亩补贴 500 元，板蓝根每亩补贴 100 元，红花、芍药每亩补贴 200 元，以此带动全县种植以黄芪、党参、黄芩为主的道地中药材 6 万亩，仅长城塬种植规模就超过 1000 亩，亩均纯收入达 2000 元。

2018 年 10 月，长城村实施固原市委提出的“四个一”（一棵树、一枝花、一株苗、一棵草）带动工程，打造长城塬 2500 亩林草产业综合示范园，在长城村叶寨组建立特色中药材太子参种植示范基地，引进闽宁情（宁夏）农业科技有限公司种植太子参 300 亩（长城村、涝池村共 400 亩）。彭阳县壹珍药业有限责任公司建设药用植物百草园，种植黄蜀葵 150 亩（长城村、涝池村共 500 亩）、彭阳县草原站打造新品种饲草示范点 400 亩（长城村、涝池村共 800 亩）等，采取“公司 + 农民合作经济组织＋基地 + 农户”的模式，推行“订单种植”，开展生产基地建设 GMP 认证，构筑集引种驯化、试验示范、种植营销和加工研发等为一体的特色中药材产业新格局，辐射带动全村农户种植特色中药材 2915 亩（其中太子参 300 亩、党参等苗栽 615 亩、林下药材 2000 亩），亩均实现产值 3000 元以上，使特色中药材产业成为脱贫富民、乡村振兴的主导产业。

旅游 长城村是红色文化、历史文化、农耕文化、民俗文化并存的多元文化村落，是宁夏回族自治区新农村建设示范村。2018 年 12 月，入选第五批中国传统村落名录，素有文化之村的美誉。

长城村西村口（2017 年）　　刘小平　摄

2009 年,《彭阳县旅游发展总体规划》出台，长城村抢抓机遇，依托乔家渠毛泽东长征宿营地旧址红色教育基地、自古以来形成的淳朴民风、深厚的农耕文化底蕴、战国秦长城遗址、现代菌草产业基地、“梯田花海·生态彭阳”山花旅游文化节、彭阳红梅杏休闲观光采摘园等优势资源，挖掘红色文化、历史文化、农耕文化、民俗文化，打造全域旅游。

红军的到来，让这块土地深深印刻上了红色足迹。2006 年，城阳乡政府对毛泽东等领导人当年住过的 7 孔窑洞维修保护，开放供人们参观。2009 年，长城村把乡村民俗文化和红色经典相结合，在乔家渠征地 14.6 亩，以乔家渠毛泽东长征宿营地为主体打造乔家渠民俗风情园，以原始农家生活场景布展，突出窑洞文化，再现红军长征艰苦岁月，勾画出一幅美丽的农家庭院风情画。

建县以来，彭阳境内的战国秦长城得到很好的保护。2018 年，国家文物局立项，拨款 1570 万元，对战国秦长城遗址彭阳段实施修复和保护。

2012 年，彭阳县突出生态、旅游、休闲城市建设主题，围绕“天高云淡六盘山，田园彭阳入画来”战略定位，突出温馨、休闲、观光、慢行、体验主题，以打造西部独具特色的乡村旅游目的地为目标，加快旅游开发进程。长城村抓住发展旅游机遇，依托生态资源优势、地理地貌优势和历史人文优势，以田园观光为主题，开拓旅游新版图。2015年，长城村依托一年一度的“梯田花海·生态彭阳”山花旅游文化节，在公路沿线，紧挨闽宁现代循环农业科技示范园，建设提升红梅杏园，建成长城塬“彭阳红梅杏休闲观光采摘园”、老毛桃园、李子园、核桃园和花椒园，打造饱含地方韵味的“瓮金鼎农民文化大院”，发展书画、根雕、彩绣、剪纸、编织、麦秆画等民间传统艺术，动员、鼓励群众就地取材，把自家门前各种现有保存相对完整的烤烟房、老麦草垛、老土墙等农耕文化元素修复保留，化腐朽为神奇，为乡村旅游的厚度、深度做好铺垫。2017年，长城村以叶寨民风文化长廊为中心，规模连片种植万寿菊、中药材400亩，打造观光农业示范园，农田变风景，成片“花海”扮靓田园，使长城村田园民风更加浓郁，乡村旅游内容更加丰富。长城塬以红色游、古迹游、生态游、花海游、田园风光游和观光农业游为主的全域旅游新格局初步形成，成为彭阳东北部旅游环线上的一张新名片。每年吸引游客20万人次，创造旅游收入达200万元。

随着旅游业的发展，游客数量不断增加，长城塬围绕“吃、住、行、游、购、娱”，培育新的旅游增长点，以乡土手工艺为特点的瓮金鼎文化大院、杨虎升手工艺坊、绣娘刺绣坊等相继产生。带动发展景秀山庄、长城街道老杨特色手抓等农家乐和农家饭馆8家，其中四星级1家、三星级1家，从业人员40余人。当地盛产的杏鲍菇、粉条、杏干、小秋杂粮、地椒茶、杏仁油、果脯、黄酒、蜂蜜等土特产销量逐年提升。同时，也带动当地红梅杏、万寿菊、农家乐等产业的发展，为当地群众稳定脱贫，增收致富创

民俗风情区长廊（2017年） 刘小平 摄

乔家渠红色旅游基地（2018 年） 张俊仓 摄

造条件。旅游人数逐渐增多，村民从旅游中获得的收入逐年增加。叶寨组养蜂人杨林录原是贫困户，赶上扶贫好政策，养蜂有补贴，家中养蜂 30 箱，产的土蜂蜜原生态、不掺假，远近闻名。瓮金鼎多才多艺，他的根雕艺术声名远扬，他儿子经营着一家“农家乐”，诚信为本，生意红火。为报答乡亲，瓮金鼎父子自筹资金，购置演出乐器和道具，组建娱乐班，免费为群众演出，活跃群众文化生活。

大美梯田（2019 年） 王宇 摄

村落文化

长城村是典型的西北村落，既有西北农村普遍的文化特点，又有其独特的文化内涵、文化价值。在长期的农业生产生活中，形成了服务农业、自给自足、自我娱乐的地方风俗文化。长城村优秀家风家训、民间技艺、社火表演等世代传承，具有丰富的物质形态和非物质形态的文化遗产，是长城村的宝贵财富，具有极高的历史、文化、艺术和社会价值。

◉ 民间艺术

小乐器

长城村村民勤劳智慧，热爱生活，他们利用身边的材料制作口弦、柳笛、泥哇呜等小乐器，演奏出各种美妙音乐，诉说他们心中的喜怒哀乐和对生活的新期待，具有鲜明的地方特色。

口弦 用竹片削出10多厘米长的瓶形弦身，中间削一舌簧即成。弹奏时将舌簧一端放入唇间，系线扯动另一端，手口并用，以口腔做共鸣箱，口形变化控制音量，发出悦耳动听的“嗡嗡”声，犹如群鸟欢鸣。

柳笛 也叫“咪咪”，柳树发芽时，折下枝条，截取一段，拧掉内芯，将一端约1厘米长刮去外层绿皮，噙于口中便可吹奏，制作过程叫“扭咪咪”。柳笛长短粗细及吹奏气息大小不同，可发出高低、尖厚不同的声调。可以将若干柳笛并排组合吹奏，悠远清脆，谐和动听。

泥哇呜 类似中国古代乐器“埙”，通常用黄胶泥做成空心圆球状，上钻三个孔，晒干后便可吹奏，因气息、指法变化而发出不同声调，委婉深厚，如泣如诉，还可仿奏杜鹃等鸟鸣声。

此外，还有用杏核、莜麦秆、杨柳树叶制作的“杏核哨”“莜麦哨”“叶哨”等，它们有着丰富的表现力，可吹奏出各种悦耳动听的声音。长城村年龄稍长的村民都会制作演奏“口弦”“柳笛”“泥哇呜”“杏核哨”等。现在，孩童们玩具电子化、多样化，很少玩传统小乐器。

刺绣 长城村村民把刺绣叫作“针绣”，是用绣针引彩线，根据花纹图案在纺织品上刺绣运针，绣成花纹图案的一种工艺。长城村传统刺绣可分“掇绣”“陇绣”，其中“掇绣”是宁夏传统刺绣技术，又叫戳花、戳绣、墩花，属于北方刺绣品种。绣苫被子（专门遮盖被子的装饰布）和绣枕头经常采用“掇绣”手法，其他刺绣主要采用“陇绣”手法。针法有套针、晕针、斜滚针、旋流针、参针、棚参针、编织针等100多种，要求顺、齐、平、匀、洁。绣品包括生活服装，歌舞或戏曲服饰，台布、枕套、靠垫等生活日用品和屏风、壁挂等陈设用品。

刺绣和村民生活息息相关。长城村传统礼俗中，刺绣功底是“说媳妇”（相亲）时

刺绣及编织产品

女子手巧与否的重要标志。端午节佩戴的香包，女子出嫁的“陪方”（“陪方”指肚兜、鞋垫、枕头、被罩、布鞋等针线活）等都体现了刺绣手艺。20 世纪 90 年代以后，“十字绣”传入长城村，因其工艺简单，又有印制的图案，妇女们很快掌握，多数村民客厅挂有十字绣作品。如今，“苏绣”也在长城村流行起来，“绣娘”们绷起绣床，用苏绣的乱针、平针等针法，绣出的动物栩栩如生，花草鲜艳美丽。

苏绣　　李琴女　摄

长城村老辈妇女都会刺绣。近年来，在白庙韩志莲、陈庄韩有花、叶寨李步花、小寺李琴女等人带领下，长城村越来越多的妇女学习传承刺绣艺术，发扬传统文化。

剪纸

长城村剪纸淳厚、粗壮，线条有力，剪纹简洁，造型夸张，裁剪手法随意自然，洋溢着浓厚的浪漫气息，具有很强的装饰性。按用途大致分为三类：

装饰品剪纸 长城村村民在四时节令、婚丧嫁娶、礼仪庆典等活动中的剪纸用来装饰花灯、窗户、门楣、炕墙、家具等物件。

刺绣底样剪纸 把剪纸作为枕头顶、荷包、烟斗袋、鞋袜等刺绣底样，保证刺绣出的画面饱满逼真。

馈赠品剪纸 把剪纸作品装潢成轴，作为老人祝寿、学子中榜、住宅搬迁和馈赠亲朋好友的礼物，具有较高的收藏价值。

剪纸艺术自诞生以来，在长城村就没有中断过，有“活化石”之称。通过一代代的传承，长城村很多妇女都会剪纸，代表人物有白庙瓮海兰、韩志莲等。

根雕 据《彭阳县志》记载，木雕技艺自明、清时传入长城村。匠人利用树根的形状特点，立意构思，创作出寓意深刻、活灵活现的作品。根雕作品按照使用方法分观赏根雕、桌台根雕和把玩根雕三种。根雕用的“好根”一般选“瘦、透、漏”的根，即消瘦、有窟窿疙瘩、能够漏水。一件件看似丑陋的树根，经脱皮、灭菌杀虫、防腐处理后使用专门刀具雕刻，就变成一件件栩栩如生的艺术品。根雕作品尽量不上漆着

瓮金鼎根雕作品《瑞鹿》 张翔 摄

瓮金鼎根雕作品《老寿星》　　罗致平　摄

色，保持树根原有的颜色和纹理，部分观赏和桌台根雕需要上漆打蜡。把玩根雕一般不上漆也不打蜡，把玩者手上的汗渍、油渍经年累月渗透进根雕中，使其变得油光透亮，十分美观。

长城村根雕手艺代表人物有乔渠瓮金鼎和叶寨杨虎升。瓮金鼎的代表作有《国宝熊猫》《自得其乐》《喜洋洋》《凝眸》等。杨虎升的代表作有《百鸟朝凤》《二龙戏珠》等。2017 年 9 月，在县文广局与城阳乡政府的大力提倡和支持下，在瓮金鼎文化大院开设根雕文化培训班，组织长城塬内外根雕爱好者学习交流根雕技艺。

麦秆画　源于隋朝，象征丰收、财富和吉祥高贵，寄托了人们对美好生活的向往。长城村的麦秆画创作，融合了长城塬的风土民情，反映了村民对美好生活的向往。麦秆画作品按风格分现代与仿古，按颜色分纯色与彩色，涵盖人物、人体、建筑、风景、花卉、花鸟、卡通、动物、历史文化等多个方面题材。麦秆画创作选用天然麦秆，按照麦秆本身的光泽、纹彩和质感，经过“熏、蒸、漂、刮、推、烫，以及剪、刻、编、绘”

瓮国胜麦秆画作品《仙鹤》　　瓮国胜　摄

等多道工序，一般不着色，根据需要进行剪裁和粘贴而成。

长城村麦秆画创作代表人物有瓮国胜、孟思梅，主要作品有《梅兰竹菊》《丰收》《秋趣》《枇杷山雀》《执着》《春馨》等。

扎纸　用竹篾、谷草等制成各种造型，用麻线（现多用铁丝）固定，糊上彩纸，彩绘表情等细节，传统样式有纸人、纸马、纸鹤、纸金斗、纸银斗、纸房屋，近年还出现纸楼房、纸电视、纸汽车、纸冰箱等样式，常用于民间丧葬仪式中。纸马配井字形底座并安装四个小轮，用麻绳牵引，可拉动，健硕威武，栩栩如生，因此民间有“会扎不会扎，主要看纸马”的说法。

手编工艺品　长城村村民以当地盛产的山桃核为原料，将山桃核“驱邪避灾、安神保健”的民间流传功效与传统手编工艺结合，将山桃去皮、晒干、筛选、刨光、上油、打孔，编织成汽车头枕、靠背、坐垫等用品，以及手串、中国结等把玩观赏挂件。山桃核工艺品逐渐成为文化旅游产品新宠。近年，村民又以串珠、毛线等为原料编织成抽纸

山桃核及串珠工艺品

盒、卡通模型等，丰富手编内容、拓宽增收渠道。

◉ 传统手艺

针灸 中医学的重要组成部分，包括针灸理论、腧穴、针灸技术以及相关器具，具有鲜明的民族文化与地域特征。彭阳有深厚的针灸积淀传承，魏晋时期朝那县人（今彭阳县古城镇）皇甫谧（215—282），被后世尊崇为“针灸鼻祖”，他著的《黄帝三部针灸甲乙经》阐述脏腑、经络、治疗等理论，并详载全身649个经穴的部位和主治疾病、针刺分寸、艾灸壮数等。总结了晋代以前针灸治病临床经验，为针灸学的重要文献。在长城村，针灸主要治疗牙痛、腰痛等。比较有名的针灸传承人有乔洼白占才、祁家禄和乔渠乔得让、陈庄袁士俊等。

艾灸 在长城村，普遍采用隔姜艾、隔蒜艾、隔饼艾等间接艾治疗小儿惊风或者妇科白带异常等疾病。有名的艾灸技术传承人有蔺塬乔粉英、花园米凤英等人。

打铁 作为中国传统手工艺，打铁在村民生产生活中不可或缺。可将生铁烧铸敲打制成铁锨、铁锤、斧头、镰刀、菜刀等生产生活用具。长城村打铁艺人有蔺塬蔺聪荣、周华荣。

钉锅 改革开放以前是长城村重要的手艺之一，用专用钉锅钻子修补铁锅。钉锅艺人有乔渠乔逢源、乔得亮。

传统打铁炉（2019年）

木活 中国传统技艺。村民生产生活都离不开木制物品。木匠制作的门窗、柜子、桌椅、案板、架子车、独轮车、木锨、木犁等家具工具，精致美观、经久耐用。长城村有名的木匠有乔渠乔逢原，花园杨玉邦、陈好发，叶寨李永杰，蔺塬庞世杰、曹士魁、蔺发荣等。

皮活

指用牛皮、驴皮、马皮、羊皮、猪皮等制作生产生活用品，主要为皮绳、皮袄。

皮绳 将牛皮、驴皮、马皮通过洗净泡软、硝水泡发、晾干抹油、割细拧合等程序制作而成，制成的皮绳柔软结实，十分耐用。

皮袄 通常称制作皮袄的艺人为白皮匠。多挑选山羊、绵羊皮缝制皮袄。羊皮用清水泡软洗净后，割掉残留在皮子上的肉渣油渍，放入土硝和糜面搅拌混合的硝水缸内捂严实，在硝水缸周围堆上驴马粪（驴马粪堆积可发酵产生沼气使缸内温度升高，使硝水浸入皮子）。浸泡 7 天后，取出皮子张开晾干，抖掉杂质。缝制皮袄前先铲皮，用皮铲铲去皮子表面的油渍，再用力铲使皮子伸张绷展，面积扩大，根据毛色搭配和所需尺寸大小进行裁剪、缝制。

长城村有名的皮匠有做皮绳的花园李军、张治李、张彦祥祖孙三代，做皮袄的冯山李世祯。近年来，农家多用市场出售的尼龙绳，轻便耐用，同时牛皮价值越来越高，基本无人再用牲畜皮做皮绳。穿皮袄主要是为了御寒，随着人们衣着观念的改变和经济发展，可选择的御寒衣物种类越来越丰富，很少有人再穿皮袄，匠人多数改行。

包油 即土榨油，长城塬地区主要食用的植物油有净子（亚麻籽）油和圆圆（云芥籽）油。土榨油大体分磨油坯、蒸油坯、装油坨、压油坨四个步骤。牲口拉石磨，将净子或者圆圆磨成油坯。再将油坯放进蒸锅，蒸锅上面用砖头砌成漏斗形，大火蒸油坯，下部进料，一层一层铺满，铺满后用油冰草捂住。一定时间之后，笼圈（冰草或者麦草圈）下铺油冰草，将油坯倒入笼圈里，上层铺油冰草，包成油坨。最后将油坨一层一层放入油坑，楔好，用木梁吊起石坨（碌碡）挤压打击油坨出油。

20 世纪 70 年代以前，长城村每个小组都有一个油坊，其中赵山畔赵久思家油坊远近闻名，每 450 千克原料可榨出 90 千克油。机械化后，机器榨油出油量提高，包油被现代榨油机取代。

土活

主要指打胡基（土坯）、洗崖面子、穿烟洞眼、打土墙等。

打胡基　胡基用来砌院墙、砌门肩子、箍窑、补窑等。打胡基的工具主要有基母（长方形木框，一般长 40 厘米、宽 20 厘米、厚 6 厘米）、石夯和底垫石板，打胡基不但要有力气还要有技巧，村民口传打胡基技巧“三铣，五杵子，十四个小垫垫”。

洗崖面子　挖好毛坯崖面后，土匠按方位、坡度拉线从上到下把崖面修平整，好的崖面子要经得起雨水长期冲刷，且美观大方。

穿烟洞眼　从窑洞内由下向上打一个直洞，用于灶房、土炕出烟。通到崖面以上的称穿山烟洞眼，通到崖面的称半穿山烟洞眼。烟洞眼开口小（直径 50 ~ 60 厘米），空间狭小，空气稀薄，是土活中最苦最累的活。

打土墙　改革开放前，长城村村民庄院都要打土墙。打土墙一般需要七八个人，工具主要有打墙梯子（打墙的横断面挡板，呈梯形）、八根一样的木椽、两根加杆大檩、绞绳、木楔子、石夯等。打土墙要用干湿适当的土，抓起一把土，团成团后抛起，落地时自然散开则说明土的干湿恰当。先打好地基，再测距放线，挖窝栽大檩、栽打墙梯子，栽好后在两边各固定一条椽。接下来填满土，夯实，一层完毕后加第二层，直到第四层。四层打好后，由下而上一层一层往上翻，直到达到所需高度。打墙时，两边墙面要留有“椽花子”（在墙面上留下一道道木椽清晰的印痕），换椽时向墙体逆向旋转木椽，使其松动，再慢慢将椽抽出翻到上层。 最后将墙顶收成倒 V 形，便于墙顶防雨。

长城村有名的土匠有乔渠赵敏智、白庙景昌宗。近年来，盖房砌墙都用砖头，原来在农村最需要的土匠渐渐退出人们的生活。

碫磨子　以前，石磨在长城村村民生活中举足轻重，用来加工小麦、燕麦、荞麦等

磨子（2018 年）　　　　刘小平　摄

各类粮食。制作石磨最好选用颗粒小的砂岩石，在两扇石料的一个面凿出长短不一的横斜纹齿，上扇磨面上凿出一大一小两个下料孔，新磨固定在磨台上，靠牲畜或人力推动。磨子经长时间磨损，磨齿会被磨平，则请石匠重新凿齿，称硙磨子。过去长城村家家户户趁冬闲磨面，因此每年的冬月、腊月都是石匠最忙的季节。

叶寨组的甄家是远近闻名的石匠家族，甄发荣、甄治祥、甄占库、甄彦儒、甄吉良共五代都是硙磨子的好手。如今，很少有人在家磨面，甄吉良就成为长城村最后一个会硙磨子的匠人。

擀毡 毡匠将羊毛制成供村民铺炕用的毛毡，穿戴用的毡帽、毡袄、毡裤、毡袜、毡靴等用品。据史料记载，擀毡技艺最早产生于草原游牧民族，和畜牧业相伴，经历了漫长的历史。擀毡的主要工具有：弹毛大弓、铺毡帘子、打毛竹剑。擀一组毡需要3人，首先将晾晒好或者热炕烘干的羊毛，用弹毛弓弹化，竹帘铺开，用竹剑敲打手上的羊毛，使其均匀地散落在竹帘上，毡坯初具雏形。2人卷起竹帘，绑上绳子，面对面站立，用脚蹬转帘子使其不停滚动，羊毛逐渐黏结，毛毡大样成形。然后进入洗毡阶段，洗毡需晴朗天气，室外摊开竹帘，铺上毛坯，在毛坯上洒开水后卷起竹帘，2人拽住绳子，反蹬帘卷反复滚动使毛坯上的水顺竹帘缝流出，水干后摊开帘子，再洒上水继续揉蹬，直到挤出的水清澈为止。接下来定型，将揉洗的毡坯铺开，毡匠蹲在上面用手从四面捶打，时而向外延伸，时而向内收缩，揉打直至对称。最后卷起毡边轻轻揉搓，使四边稍微卷起，一件新的毡活完成。

长城村的有名毡匠有乔渠赵文坤。随着纺织工业兴起，新的纺织品逐渐代替了毡帽、毡袜；棉花代替了被子、棉衣的填充物；海绵、床垫代替了铺炕、铺床的毛毡。但由于毛毡隔潮效果好，很多家庭现在还在用，只是已经逐渐由机器代替手工作业，古老的擀毡技艺走到了尽头。

村民交流编织技艺（2018年） 梁宗科 摄

编织

炊具 蒸笼和罗，是长城村家家户户必不可少的炊具，用来蒸馍和罗面。笼笼匠主要用竹子，按照各家锅的尺寸制作蒸笼和罗，长城村远近闻名的笼笼匠是蔺塬冯峻。

生活生产用具 背篼、提笼、筛子、簸箕是长城村村民日常劳作、生活离不开的工具。背篼用来背粮食、牲畜草料等；提笼根据大小不同可用来提土、提草、提食物；筛子、簸箕主要用来分离粮食和装物品。制作时把竹棍破成竹篾，编背篼要选两根有韧性的木条做四棱大筋，从底部一圈一圈编起来。笸篮用细竹条、有韧性的木条或者麦秆等编织而成。20 世纪 80 年代以前，笸篮是长城村家家户户用来盛装粮食、小工具的主要盛具，家家炕头的小笸篮，里面专门放着妇女们的针线工具。

长城村上了年纪的老人基本都会编织手艺，如今多使用玻璃、金属器皿装盛物品，很少有年轻人会传承这门手艺了。

线织

织毛袜 和全国其他地区一样，长城村上的妇女们有一项十分重要的工作，就是给家人缝制衣物，针线布料在心灵手巧的农家妇女手中变成一件件御寒挡风的衣裳。但在改革开放以前的长城村，还可以看到这样一道风景，男人们裤兜里揣着用拧车或线锤子把羊毛捻制而成的线，手里织着毛袜子，聊天说笑，这样不仅可以减轻家中女人的负担，还能增进一家人的感情，长城村的百姓用最简单纯朴的方式表达着家人之间的关怀。

织口袋 用山羊毛纺成毛线，织成粗毛布片，再缝制成圆形大口袋，主要用作装粮食，一只毛口袋可装 2 斗半（75 千克）粮食。长城村有名的织毛口袋匠人是牛嘴牛银珍。如今储运粮食多用塑料袋和政府发放的储粮器，并且随着牛嘴村民整体移出长城村，织口袋的手艺也就没了传人。

做布鞋

长城村妇女做的布鞋（长城村村民将“鞋”读作“hái”）按鞋口形状可分为方口布鞋、圆口布鞋，按鞋帮的高低可分高帮布鞋、低帮布鞋，按季节可分为单鞋、棉鞋。方口布鞋主要是女性穿，冬天的棉鞋主要做给老人和孩子穿。做布鞋之前先要打糨糊、打倍子、铰鞋样子，然后再一针一线纳鞋底、做鞋帮，把鞋帮、鞋底缝制在一块。

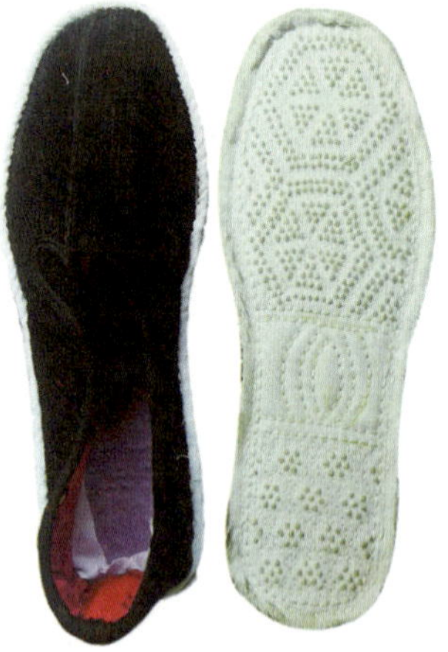

手工千层底布鞋（2019 年）

打糨糊 长城村村民把糨糊又称面黏子（村民将“黏”读作“rán”），将面粉加入开水中搅拌，利用蛋白质受热变性和淀粉受热膨化能使面糊具有黏性的原理制成糨糊。稀糨糊可以用来打倍子或者裱炕窑等，稠糨糊可用来贴春联、字画等。小麦面珍贵，当地村民多选用糜子面打糨糊，为增加黏度和平整度，可适量加入油渣（榨油后得到的残料）。

打倍子　倍子是布鞋千层的基础。将稍微大一点的纸张（如废旧报纸）铺平，一层布一层糨糊粘到报纸上，鞋帮子倍子粘 3 层布，鞋底倍子粘 5 层布，粘好后，整片贴到墙壁上，自然晾干。改革开放前，物质匮乏，打倍子的用布都是平时收集的碎布头，打倍子时将碎布头一点点展开，拼凑起来贴满一层，最后一层用稍微大一点的白布贴好。如今，废旧衣物都很“新”，就可以用一整片布打倍子。

铰鞋样子　在倍子晾干的间隙，接下来就是铰鞋样子。鞋样子的端正与否直接决定了布鞋的美丑。妇女们都有一本旧书，里面夹着母亲传下来的或者请村里的巧手铰好的标准鞋样子。铰新鞋鞋样子时，把标准鞋样子用线缝到纸上，根据穿鞋人脚的大小，改小一圈或者增加一圈，铰成合适的鞋样子，再把线拆下来，将标准鞋样子小心翼翼地夹回书中，以备再用。

纳千层底　把倍子和鞋样子缝在一起，沿边缘剪下，一只鞋底最少四层倍子。为增加厚度，减缓鞋底磨损速度，纳鞋底时在倍子中间平铺一些碎布，从边缘开始先纳一圈，鞋底款式多样，有用平针纳出各种纹路，有用线挽出梅花、波浪等各种样子的疙瘩，针脚均匀整齐，十分美观。把鞋底边沿用白布条包一圈称包沿条，用刀刮毛叫毛边子。纳鞋底用的线通常是麻捻，后来随着生活水平的提高，开始使用棉线。纳鞋底既需要功夫也需要巧劲，顶针、护手套（有刺绣的半截手套）、针钳子都是纳鞋底必不可少的辅助工具，用顶针垫一下，针就穿过鞋底，另一头用针钳子拔出来，缠绕在护手套上用力拉紧，让鞋底更加结实牢固。

纳鞋帮　做鞋帮的倍子晾晒好后，通常再贴一层黑色条绒布或红色、绿色平绒布。同样缝到鞋样子上剪下，鞋帮子都包沿条，外沿条用白布，内沿条用黑布。最后把鞋底和鞋帮合在一起，布鞋就做好了。每一双布鞋都独一无二，因此在长城村有句俗语“鞋袜有样，事情没样”。

◉ 社火表演

春节或有重大节庆时耍社火，是长城村重要的文化活动之一，流传甚久。正月初三

社火表演（2019 年）　　　　　　　　　　　　　　　　　　　　　　　瓮金鼎　摄

社火化装“出窝子”（首次演出），走村串户表演，参与社火表演 20 ~ 50 人不等，正月二十三“烧窑”（烧去纸彩等物），即行停演。仪程官（春官）即兴喊仪程，表示贺岁、祝福；船姑娘面若桃花代表生活甜蜜；害婆娘边走边扫，赶走霉运。因此在看社火时通常最关注的就是春官词说得好不好，害婆娘妆化得丑不丑，害羞的船姑娘长得俊不俊。1990 年前，社火以在村内表演为主。1995 年后，随着劳动力转移，参与社火表演的人越来越少，组织起来的社火队除了走村串户之外，还代表全乡参加县级、市级社火表演比赛。2017 年、2018 年连续两年，长城村社火队在全县社火表演中获奖。

春官　即仪程官，由德高望重的村民装扮，是社火中最重要的角色。扮演春官者一般需要有一定文化程度，有良好的口才，能随机应变。社火队伍每到一处表演，春官便根据表演对象的特点，即兴说词。如果是农户人家，结合家族特点，祝福风调雨顺，阖家幸福，有老人就祝福老人身体健康长寿；如果是商户，根据商户类型，祝福生意兴隆，财源广进。还有一些家长，抱着年幼的子女，请春官说词，祈佑孩子无病无灾，健康成长。进入新时代，春官说词紧跟时代，抒发了长城村村民对更加美好生活的期盼。叶寨李万邦、陈庄李世学是长城村有名的春官角色，他们说的春官词与时俱进，贴近实际，远近闻名。

船姑娘　船（长城村村民读“shuán”）姑娘是社火表演队的重要角色之一。用木头和花布扎成小船模型，彩绸、花朵做成船舱，蓝布做成船围，画上水波浪图案。船舱中有一位美丽的少女，围着红色的头巾，含羞不语，称“船姑娘”。撑船老艄公穿戏装，顶项圈，银须飘飘，手拿船桨。表演时，船随着鼓点疾步穿梭，船姑娘步子轻盈飞快，船或风平浪静或急流行舟或浅搁遇暗礁，船姑娘表演得惟妙惟肖。

拉花子 长城村社火表演中“骑毛驴”的叫拉花子，表演者比较年轻。毛驴通常用竹扎纸糊，近年来多用黑布或黑绸子糊制。驴背开洞，分前后两截系在表演者腰间，驴腹下垂黑色布幔遮掩表演者的腿脚，作骑驴状。表演者 2 ~ 4 人，2 个拉花子通常随耍船者一起表演，与船姑娘共进退，时不时与船姑娘逗趣；4 个拉花子独立组成表演单元进行表演。表演者跟着鼓点踩着碎步前进、后退、穿插，同时晃动身体，律动十足。

害婆娘 属社火表演中的丑角，通常为男扮女装，妆面夸张。只见害婆娘身穿彩色绸布衣裳，头缠刺绣裹头巾；两腮大红胭脂擦起来，脸上油彩抹起来；嘴角点上大黑痣，衣服塞满装大肚。“她”左手提一只岁笼笼，右手持一把烂笤帚，走到哪儿扫到那儿。看到围上来的大姑娘小媳妇，故意上前，大姑娘小媳妇惊笑一哄而散，害婆娘刚走开，她们又兴致勃勃地凑上来，逗笑十足。

◉ 民间娱乐

掀花花 即花花牌，西北地区比较流行的一种纸牌。花花牌面纸质和扑克牌差不多，窄长条形，宽 3.5 厘米，长 14 厘米。牌面中间画上人物或花草图案，两头则有黑红两色的椭圆点，点的多少代表牌面的大小。全副牌共 48 张，14 种牌面，分别有“红眼、

农闲时村民在街道掀花花（2017 年）　　罗致平　摄

看大戏（2018 年）　　张俊仓　摄

广场舞比赛（2017 年）　　罗致平　摄

黑眼、斜六、疙瘩六、七婆娘、红八、红十、梅十、虎、天”10 种各 4 张，“小戏、大戏”各两张，“勾八、勾九”各 2 张。组成各种牌形，玩法多样。花花牌不含数字，不识字的人也可以玩，因此很受长城村村民欢迎。

吼秦腔　秦腔是长城村村民最喜爱的剧种。大人小孩，无论劳作、闲暇还是赶路，吼一嗓子秦腔，传递他们对世事百态的感悟，表达他们心中的喜怒哀乐，唱出对美好生活的向往和追求。唱词丰富多样，或是《铡美案》《三娘教子》等传统曲目，传统美德代代相传；或是和着秦腔曲调，歌颂党的好政策和现在的美好生活。农闲时候，长城村秦腔爱好者相约聚集在白马庙集市，吹拉弹唱，唱者酣畅淋漓，听者津津有味，不尽兴不散场。正是这年复一年日复一日的传承，诞生了长城秦艺团，培养了一批文艺骨干，丰富了村民的业余生活，培养了长城村村民积极健康向上的生活情趣。

跳广场舞　广场舞，近年来在彭阳城乡兴起，逐渐流传到长城村，是长城村妇女每天早晨锻炼，晚饭后休闲的必修课。新修建的广场使跳广场舞有了固定的场所。妇女们自发组织，自掏腰包购置音响设备、服装道具，大姑娘小媳妇们踩着音乐合着节拍，翩翩起舞，成为长城村上一道亮丽的风景。

◉ 文化遗存

铜印章　清代铜私印。通高 1 厘米，印座长方形，长 2 厘米，宽 1.5 厘米，厚 0.6 厘米。龟钮。印文有边栏，阳刻隶书“孙武”两字。现藏于村民家。

铜护心镜　清代婚嫁用具。大铜镜直径 12 厘米、厚 0.6 厘米，小铜镜直径 10 厘米、

铜印章

铜护心镜

熬胶铁锅

厚 0.6 厘米。圆形，光面。铜镜系上红绳，新娘子上马前，一前一后挂在前胸后背，入洞房后取下，寓意一路平安，吉祥如意。现藏于村民家。

铜鞋拔子　清代铜鞋拔子。呈弧形，钮长 2 厘米，通长 11 厘米、宽 9 厘米、高 2 厘米。现藏于村民家。

熬胶铁锅　民国初期熬胶锅，口径 6.6 厘米，高 2 厘米。现藏于村民家。

玉璧　直径 5.5 厘米，厚 0.4 厘米，孔径 1.5 厘米。年代待考，现藏于村民家。

玉圭　高 5 厘米，外径 2.5 厘米，内径 4.5 厘米。年代待考，现藏于村民家。

陶罐　清代盛物用具。外口径 22 厘米，内口径 16 厘米，脖径 8 厘米，肚径 33 厘米，通高 54 厘米。现藏于村民家。

四耳瓷坛　清代盛物用具。上径 10 厘米，脖径 28 厘米，下径 16 厘米，通高 28 厘

铜鞋拔子

玉圭

玉璧

四耳瓷坛

陶罐

手提箱

木五升斗

米。现藏于村民家。

木装饰柜

石槽　清代养马用具。呈长方体，外长 152 厘米，宽 40 厘米，高 30 厘米；内长 120 厘米，宽 28 厘米，高 14 厘米。两面阳刻四种不同的吉祥花草图案，两头为素面。现存于乔家渠毛泽东长征宿营地旧址院内。

木五升斗　清代生活用具。立面呈梯形，上面为边长 22 厘米的正方形，下面为边长 16 厘米的正方形，通高 20 厘米。四面分别书有行楷“混”“元”“金”“斗”四字。现藏于村民家。

木装饰柜　清代生活用具。木制，通高 79 厘米，长 38 厘米，宽 31 厘米，上层高 34 厘米，抽屉高 15 厘米。上层无门，可放摆件等饰品；中间有一抽屉，可放小物件；下层为双开门，可放大物件。现藏于村民家。

手提箱　民国时期手提箱，木制，长 32 厘米，宽 19 厘米，高 11 厘米，上盖高 4 厘米，五金锁扣连接，外用染成红色的羊皮包裹。现存于乔家渠毛泽东长征宿营地旧址。

家风家训家规

长城村传承优秀的“东山文化”，家家户户言传身教传承中华传统美德。本书辑录长城村部分家族家风家训家规。

白马庙邓氏家族

家训　勤谨用事，朴诚为人，忠孝为先，信义为本。

——邓万钧提供

牛家嘴牛氏家族

家训　孝当竭力，非徒养生。厚道诚实，与人为善。崇学尚德，勤劳治家。

——牛治忠提供

花园白氏家族

家规　耕读为本，勤俭持家；尊老爱幼，忠孝传家；团结相邻，救危扶困。

——白银贵、白会仓提供

白家岔白氏家族

家规　耕读为本，勤俭持家。爱亲敬老，团结和睦。乐善好施，谦恭有礼。踏实做人，诚信干事。遵规守法，严于律己。谨记斯言，家道永兴。

——白云鹏提供

乔渠乔氏家族

家训　勉学立家，明德养家，文明治家，孝悌传家，勤俭持家，和睦兴家。

——乔升、乔建提供

乔洼乔氏家族

家训　严教子弟，耕读为本；勤奋创业，淳朴持家；笃实忠厚，亲友睦邻。

——乔守俊提供

金岔、白马庙祁氏家族

家训

父慈子孝，兄友弟恭，耕读为本，节俭家荣。

团结邻里，与人为善，明理处世，诚信为先。

——祁德仓提供

冯山李氏家族

家训　感恩，勤奋，宽容，诚信。

家风　尊老爱幼，友善和睦，自立自强。

——李占吉提供

花园张、李氏家族

家风　礼敬尊长，孝老爱亲，团结友善，诚信本分。

家训　勤家俭居，尚学笃志，和邻睦族，崇德正身。

家规　恭兄友弟，睦邻妯娌，众戒莫染，律己宽人。

——张俊仓、李俊明提供

乔渠瓮、孙氏家族

家训　遵纲守常，敬老爱亲，崇德向善，勤耕尚读。

——瓮金鼎提供

山庄赵氏家族

家规家训　团结和睦，合乎礼教，忠孝节义，知书达理，修身养性，诚信为先，自尊自律，克勤克俭，以德为根，以仁为本，自强不信，共同发展。

——赵东提供

山庄赵氏家族

祖训　忠孝处事，堂正做人，耕读传家，勤和兴业。

族约　爱国家，守法纪。立远志，行正道。勤修学，苦创业。慎言行，善其身。孝父母，育子孙。夫妇敬，兄弟恭。睦邻里，厚亲友。知诗书，尚礼仪。乐善施，助贫

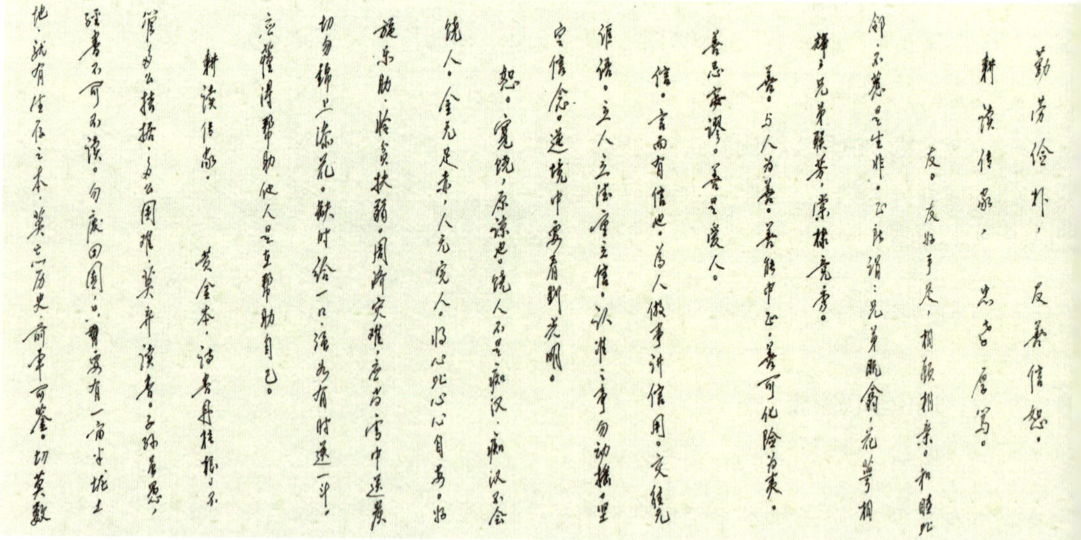
勤劳俭朴，友善信恕。
耕读传家，忠[illegible]厚[illegible]。
友。友如手足，相顾相亲。和睦邻邻，不惹是生非。正所谓：兄弟阋翁，花萼相辉；兄弟联芳，棠棣竞秀。
善。与人为善，善能中正，善可化险为夷。
善忌[illegible]，善是爱人。
信。言而有信也。为人做事讲信用。
恕。宽恕，原谅也。
耕读传家。

花园曹、陈氏家规家风家训（节选）

困。不奸盗，不行诈。远酒色，戒赌毒。讲尊严，扬正气。明爱憎，辨是非。成不骄，败不馁。不畏强，不欺弱。不滋事，不苟且。勿忘本，懂感恩。重担当，尽责任。识大体，顾大局。与时进，美人生。振门楣，扬祖风。

——赵得俭提供

陈庄袁氏家族

家训　耕读传家。

——袁浩提供

花园曹、陈氏家族

家规（六戒六爱）　世事沧桑屡夷险，只缘家规是底线。戒赌戒毒戒纵恶，戒私戒懒戒谁（谎）言。爱国爱里爱民众，爱学爱劳爱向贤。倘若每事守家规，何愁子嗣不俊彦。

家风　勤劳俭朴，友善信恕。耕读传家，忠孝厚笃。

家训　天地君亲师，五位尊至极。人生路漫漫，呵护永不离。人做天在看，莫道人不知。做事心端正，天理不可欺。心胸要宽广，手脚勤相宜。放眼长远处，勿计眼前利。与人常共事，切忌贪便宜。爱君即爱国，爱国应第一。为她尽义务，为她捐身躯。孝顺堂上亲，言行勿悖逆。衣食住行侍，时时记心里。师者解传授，唯有他无私。恨铁不成钢，严厉为尔已。思考多换位，包容真君子。进退皆有度，处事应机智。夫妻人伦

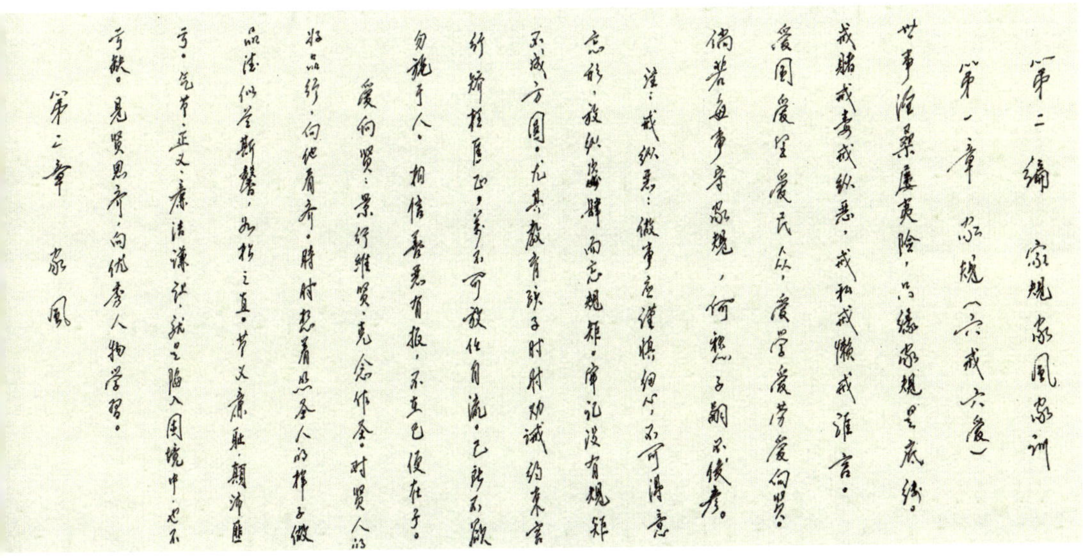
第二编　家规家风家训
第一章　家规（六戒六爱）
世事沧桑屡夷险，只缘家规是底线。
戒赌戒毒戒纵恶，戒私戒懒戒谁言。
爱国爱里爱民众，爱学爱劳爱向贤。
倘若每事守家规，何愁子嗣不俊彦。
注：戒纵恶：做事应谨慎细心，不可得意
忘形，放纵恣肆而忘规矩。常记没有规矩
不成方圆。尤其教育孩子时时劝诫约束言
行，矫枉匡正，万不可放任自流，已成不[illegible]
勿诿于人。相信善恶有报，不在己便在子。
爱向贤：景行维贤，克念作圣。对贤人的
好品行，向他看齐，时时想着照圣人的样子做
品德似兰斯馨，如松之直。节义廉耻，颠沛匪
亏。气节、正义、廉洁谦让，就是陷入困境中，也不
亏缺。见贤思齐，向优秀人物学习。
第二章　家风

始，信任才和气。生活有矛盾，初心不可移。人生最大敌，莫过于自己。敢于胜己者，才算脱俗气。

——曹士孝提供

蔺塬蔺氏家族

家训　耕读传家，诗书垂训；以农为本，各业并重；工商学兵，自奔前程。做人诚实，耿直本分；对待亲友，不谎不坑；待人接物，仁义守信。侍奉高堂，茶膳亲躬；以孝为先，以苦为荣；以和处世，以勤立身；身体力行，纠偏匡正。

——蔺建勋、蔺杰提供

风土民情

一方水土养育一方人，根植于黄土高原的长城塬，经世世代代村民们生活的锤炼、淘洗和传承，呈现出丰富多彩、厚重深邃的风俗文化，形成独具特色的美食、习俗、语言等。解放后，随着社会变迁和发展，一些旧习、陋习逐渐摒弃，符合社会主义核心价值观，健康文明，积极向上的生活方式渐成时尚，展现着塬上人淳朴的民风。

美食小吃

长城塬以其独特的自然条件，生产出的粮食、蔬菜、调味品和肉类，以绿色、生态、无污染著称，加上长城塬世代传承的煎、煮、烹、炸、炒、调、温、酿等手艺，做出独具特色的美味佳肴。特色宴席朴拙醇厚，土窑洞储藏的黄酒远近闻名，地椒茶香飘海外……

宴席

长城村把吃席称坐席。坐席用方桌，每桌 8 人，有上席、侧席、下席之分，主桌、上席座椅后墙挂中堂，按长幼尊卑依次入座。上席坐靠背椅，其他人坐长条凳或小方凳、小圆凳。有上席先动筷；女婿、外甥不坐上席；主桌、上席先离席，其他桌依次离席；席间丸子、炉食人均食用等严苛礼俗。传统宴席菜系，少肉多菜，少炒多炖，符合现代都市人健康时尚的饮食方式，已成为当地农家乐的招牌菜，深受食客欢迎。

八件子 又称八大碗、八件子席，多用于祝寿、婚嫁等喜庆宴席。分别为鸡肉、猪肉、羊肉、肉丸子、凉菜、甜米饭、长粉、小炒，上菜用清一色的大碗。可用肉菜盖帽也可用洋芋蔬菜等垫底。

相传吕洞宾、铁拐李、何仙姑、张果老、蓝采和、曹国舅、韩湘子、汉钟离“八仙”云游四方，驾祥云到长城塬，见村民生活清苦单调，于是分工，每人做出一道菜，让村民品尝，因此村民学会了“八件子”宴席制作手艺，流传至今。

十大碗 又称“十全席”，是长城塬传统宴席的最高规格，一般为老人祝寿或者嫁娶、过春节招待客人时才做，寓意“十全十美”。十大碗分“四柱五菜一丸子”，四柱为肘子、鸡肉、羊肉和甜盘子；五菜为三杀（又称酥肉）、长粉、小炒、东坡肉和豆芽（凉拌）；一丸子为丸子汤。十大碗即讲究种类，又讲究上菜和摆放顺序，村民流传着上菜顺口溜“一鸡二肘三羊肉，甜盘子往上端，五是三杀六长粉，七

十大碗

上小炒八东坡，九是豆芽十丸子”。每碗端上桌后，桌上的碗菜位置都要随之移动，形成各种图案，所谓“碗碗成席”，最终形成三排，坐“上席”者前面（也叫“上岗子”）从左到右依次摆放三排，上面一排是东坡肉、鸡肉、羊肉，中间一排是长粉、小炒、三杀，下面一排是肘子、甜盘子、丸子，席口放豆芽。食用者只看上菜和摆盘都是一种美的享受。

给老人祝寿或给孩子过满月时，十碗饭要去掉最后一道丸子，因为“丸”与“完”同音，十大碗改成九碗称“九魁”（又称九大碗），取九九不尽、富贵长久之意。九碗菜在饭桌上仍是排成三排，呈现“三三见九”的格局。十大碗，再加任意一道荤菜，就变成“十漏一”。十漏一由于菜品是单数，一般为过丧事用席。

十二起 又称“十二体”，以当地产的猪肉、牛肉、羊肉、鸡肉、鸡蛋和干鲜蔬果为主，辅以海鲜成席。全席十二道主菜，蒸、炒、拌、熘、炖、爆、煮、烧等烹饪方法多样。配菜冷热相间，浓淡相宜，色呈红黄绿白，味有麻辣酸甜咸。有清炖羊、甜盘子、鸡三萨、肘丸子、鲤鱼跳龙门等。十二起第一道是清炖鸡，第二道是里脊，取“清吉平安，大吉大利”之意，也有用鱼代替里脊或另上鱼的，寓意“喜庆有余”。上鱼一定要鱼头对“上席”以示敬意。讲究喝鱼头酒，头三尾四，腹七背八，喝鱼头酒三杯者，有权先动筷子吃鱼。通常在上里脊之后上主食花卷，接下来上清汤杂烩、肘子（夏天为凉拌肘子，冬天为温拌肘子）、清炖羊肉、白切牛肉、炖蛋、肉丝拌粉皮、丸子、蘑菇肉片、青椒肉丝、清炖白菜、拔丝苹果等，按季节时令选配齐十二道菜。上菜顺序不一定，只要合理搭配，可灵活掌握。十二道菜上齐以后，还有甜米饭，最后上起席汤。

十三花 由十三种不同的菜品组成而得名，比八件子更隆重、讲究，多用于丧事待客，原料主要是猪、牛、羊、鸡等家畜家禽肉和五谷杂粮。十三花忌用萝卜，巧妙运用

十三花

猪身上各个部位做菜，运用多种烹调手法，菜品形、色、味各异，以清淡为主，制作工艺简单，便于成批制作，适合多人就餐。十三花也叫“风搅雪”，即上一道菜，看（斟）一轮酒，共上 3 ～ 5 轮酒。菜品实质是十全席加上任意三道菜。

传说慈禧太后当年西奔长安，途经固原，品尝“九品十三花”后，赞不绝口。此后十三花传入长城塬，成为民间宴席的最高档次。

主食

长城村村民日常以面食为主，做法多样，各具特色。做馍馍花样百出，光是包子馅就千变万化，锅盔、干粮子更是以能久放、耐储存而出彩。洋芋面、酸汤长面、红汤臊子面、搅团等既是美食也是乡愁。

花卷 长城村村民做花卷时喜欢加入植物油、苦豆子等佐料，同时适量加入辣椒面，丰富口味。“金裹银”是长城村做花卷的创新代表，将发酵好的麦面（白银）、糜面（黄金）揉好，擀成片状，麦面在下，糜面在上铺好卷起，一层白一层黄，黄白分明，称“金裹银”，吃起来口齿生津、回味无穷。

包子 长城村村民所食用的包子一般都是大包子，除了肉馅、菜馅、豆腐馅等包子外，洋芋包子是长城村村民日常最有特色的主食。把洋芋切丁，加入植物油、食盐、花椒面等调味品，调成馅包制。长城村还有麻麸包子、荏包子、籽包烙包子、地软包子等特色面食。

麻麸包子。将麻籽磨成麸面后，用纱箩细筛一遍，将粗的麸皮滤掉留下细质，用清水烹煮、淘洗、过滤，制成麻麸。麻麸做好后与少量小麦面粉拌匀，加植物油、葱沫、盐等调和成馅，蒸成包子，吃起来带有坚果香味。

荏包子。荏种子通称苏子，可榨油。把荏种子擀细，再加入适量植物油和面粉，温（小火炒制）成馅，蒸成包子。

籽包烙包子。用炼猪肉臊子（把肥猪肉切成小块，热锅大火翻炒出猪油，适量加水小火翻炒直至把水炒干，起锅盛入瓦罐可长时间储存）时炼出来的肉疙瘩和小麦面粉温炒，拌上葱花、调料等调成馅，蒸成包子，吃起来油而不腻，咸淡相宜。

地软包子。地软，又名地木耳、地见皮、地踏菜。在长城村分布广泛，似木耳之脆但比木耳鲜嫩，如粉皮之软但比粉皮鲜脆，润而不滞，滑而不腻，有一种特有的爽适感。采摘回家的地软，清洗干净，切碎可与粉丝、炒熟的鸡蛋、豆腐丁、臊子疙瘩、调料拌成不同口味的馅，蒸成包子。如今，长城村家家户户会做地软包子，城市餐厅也将地软包子当作一道特色面点。

锅盔 源于外婆给外孙贺弥月的礼品，后发展成风味食品。锅盔呈圆形，直径约30厘米，用小麦精粉发酵后加干面、碱水、盐水压擀，浅锅慢火烘烤制成，内酥外脆，能久放，便携带，以“干、酥、白、香”著称。

干粮子 和锅盔做法相同，比锅盔小，直径一般为6～8厘米。和面时再加适量植物油、苦豆子，烙饼时一面的中心再撒一些用食用油调好的苦豆子粉，干粮子外表金灿嫩绿淡雅，嚼上一口，满嘴溢香。

洋芋面 是长城村村民日常最普遍的主食，是一种特殊美食，更是一种情结。食材和工艺都很简单。取适量洋芋去皮洗净切成丁，在锅里放植物油炒香葱花，再放洋芋丁炒黄，加水煮沸，直至洋芋煮烂。小麦面擀开切成箭头状，下到洋芋汤里，煮熟加盐、醋调味，洋芋面就做好了。为增加营养，可加入臊子，荤素搭配，就辣子环环咸韭菜，吃起来更美味。洋芋也叫“山药蛋”“救命蛋”，“丰年当菜，荒年当粮”，在长城村村民的心中，这个“金蛋蛋”养活了一代又一代人，任何美味佳肴都难以取代洋芋面在他们心中的位置。

酸汤长面 是极具长城村地方特色的面食。取飞罗面用荞灰或碱面兑水和面后饧好（放适当时间饧发），反复揉面至光滑，擀到薄厚均匀，透亮如纸，根据食用者喜好用刀切成细、中（韭叶）、宽三种，放在“净板”（用金丝草编成的专门盖水缸或放面条的圆盘）上。大锅下面，后锅用韭菜、葱花、红辣椒热锅炒菜，加醋和水炝成汤。汤和面入碗，调油泼辣子、陈醋即可食用。

长城村新娘子到婆家的第二天早上，要亲自做一次长面，这是亲戚和婆家人检验新媳妇做饭手艺高低的重要程序。“下着锅里莲花转，挑在筷子银丝线，碗里开一朵白牡

锅盔

洋芋面

丹”是新娘子做长面的最高境界。

红汤臊子面 长城村村民热情好客，家里来客人时通常会做上一碗红汤臊子面。红汤臊子面和酸汤长面做法类似，只是汤用猪肉臊子炝炒，再依次加入辣椒面、葱、姜、调料以及米醋等，炝好臊子后加水、黄花菜、木耳、蒜苗、豆腐、鸡蛋等，最后加盐等调味料调味，汤就做好了。红汤臊子面吃起来酸辣可口，油而不腻。

搅团

搅团 搅团是长城村著名特色小吃，根据用料不同，分为荞面搅团、燕麦搅团、玉米面搅团和洋芋搅团。搅团的做法很讲究：首先向锅加水适量，点火烧开，转中火，把杂粮面粉均匀地搅拌于开水锅中，左手一边抓杂粮面向锅中慢慢撒下，右手拿一根擀面杖在锅里朝一个方向搅，直至无生面块，无疙瘩。杂粮面撒完后，再用同样的方法撒上适量小麦面搅至无干面粉、无疙瘩。俗话说：“搅团要好，七十二搅”，只有搅到位，做出来的搅团才会劲道、光滑、爽口。搅团工艺简单，但吃法众多、花样翻新。盛搅团时，炒菜勺在炝好的酸汤里一涮，就能把搅团分离盛到碗里，再往碗里舀上酸汤，夹一筷子，蘸蒜泥、油泼辣子或者韭菜辣子环环，趁热吃，软和味美。

小吃

长城塬特色小吃以秋杂粮为主要原料制作，蒸、煮、炒为主，吃法多样，配菜丰富，健康美味。

豆面糊糊 将豌豆或扁豆磨成豆面，在开水锅里冲泡搅拌成糊糊，可直接饮用，也可在面糊糊里下小麦面片做成豆面糊糊面食用。豆面糊糊老少皆宜，尤其是年老体弱的人，吃豆面糊糊，有保护肠胃的功效。

荞面床子面

荞面床子面 即荞面饸饹，因用木制床子压制又称床子面。山羊肉床子面是长城村最特色的美食。用荞面和面，床子压面，一边下锅一边用筷子搅动一边加入冷水，水开两次捞出，浇上山羊肉、红白萝卜、豆腐、辣椒面、葱、姜等炒成的“臊子”，吃起来筋滑利口，清香美味。

做床子面通常要全家总动员，最能体现一家人的团结和睦。若哪家婚丧嫁娶、上梁打顶，做床子面、吃床子面的场面、做派和声势，简直就像一场规模宏大的床子面交响曲。案板前是七大姑、八大姨们比手艺、展才华的天地，她们笑着说着做着。年轻力壮的小伙子一边压着面，一边相互调侃。飘着浓浓香味的山羊肉臊子床子面一碗一碗不停地往外传，不分顿数，来客则吃，饿了便吃，做着、吃着、吆喝着、品评着，场面简直就是一场灵动的民俗画，好不热闹。

燕面馓饭 锅里的水烧开后，一手将燕面均匀洒向锅中，一手用勺顺势搅动数圈，至稀稠合适，盖上锅盖慢火烧三五分钟即可食用。吃燕面馓饭通常配有酸菜、油泼辣子、青椒洋芋丝、炒黄花菜等。如果就着肉丁、萝卜丁焙炒成的配菜，燕面馓饭吃起来就更醇厚、味长。

燕面糅糅 长城村村民能利用燕麦面制成各种面食，使燕麦在村民生活中大放异彩，燕面糅糅便是杰作之一。做糅糅的燕麦，现磨即做最好吃，磨燕面时先用开水浆、炒，再磨成面。用开水和燕面，再用床子压制加工生面块，蒸熟后配以蒜泥、炒韭菜汤、油泼辣子等佐料食用，柔韧细长，清香四溢。随着长城村旅游业的兴起，燕面糅糅已走出农家，进入市场，成为游客非常喜爱的美味佳肴。

摊馍馍 长城村村民爱吃的摊馍馍有洋芋摊馍馍、荞面摊馍馍等。洋芋摊馍馍选品质上好的洋芋，洗净，用擦子磨成糊状，然后撒适量面粉搅拌均匀（其他摊馍馍用杂粮面和小麦面按比例混合加水调成面糊），把面糊在平底锅中均匀摊成薄饼，文火烙熟。摊馍馍吃法多样，刚出锅的可以直接吃，也可蘸土蜂蜜，或卷上韭菜辣子环环吃。放凉的摊馍馍切成菱形，用葱花、青椒丝在油锅里爆炒成炒摊馍馍吃也很有特色。不论是哪

洋芋摊馍馍

荞面摊馍馍

种吃法，都营养味美，百吃不厌。

黄米碗钵子 用开水烫麦面，放酵面发酵，面发起后加糜面（黄糜子去皮成米后磨成面），用擀面杖搅和，把和好的面分成剂子放到撒了面泼（防止粘碗或案板的面粉）的碗里簸成圆形，放到锅里烙熟。锅的中间放锅圈（中空瓦质圆形台，中间倒水），糜面馍依次排在四周，烙熟即可食用。做好的黄米碗钵子又香又甜，入口即碎，酥而不散。早餐吃黄米碗钵子就稀粥和萝卜小菜，别有滋味。

饮品

长城村的黄酒、燕麦酒、罐罐茶、地椒茶极负盛名，是长城村村民日常饮用、待客宴请的必备佳品。

窖藏黄酒 杨真 摄

黄酒 也称为米酒，属于酿造酒，是长城村最有名的饮品。长城村村民制作黄酒的历史源远流长，代代流传，成为与宴席相伴的必备饮品。黄酒以当地生产的酒谷为原料，用自制的麦曲或者小曲做糖化发酵剂制成。酿造黄酒工艺考究，做酒先采百药，农历六月初六日用采的野菊花和中药煎熬后的残渣、麦子制成酒曲（称采曲子）。“入九”时节，把籽粒饱满的酒谷煮成粥状连同曲子一起入缸加凉开水封闭发酵。发酵好的酒糟加入凉开水，用粗箩或竹罩过滤，密封在另外的缸内，放在恒温土窑洞内贮存 10 多天就可以饮用，即为成酿，煮沸饮用。

燕麦酒 端午节吃甜醅子、喝燕麦酒跟吃粽子同等重要。燕麦是一种成熟期短、耐寒、耐盐碱的农作物，属于高蛋白、低脂肪食物，含有大量铁、钙、磷等微量元素，成为很多人喜爱的特色食品，在长城塬广泛种植。燕麦酒类似于醪糟，极像南方的米酒。取适量优质燕麦，洗净浸泡约 2 小时，放入蒸笼，大火蒸约 1 小时，取出晾至 35℃左右，加温开水、酒曲适量，拌匀装瓷坛，加盖再套上塑料袋密封，放在 30℃左右恒温处 2 天即可成熟。燕麦酒糟即甜醅子，可即食也可加入凉开水冲成燕麦酒饮用，喝起来口感酸甜，解暑止渴，为塬上佳品。有句顺口溜：“甜醅甜，老人娃娃口水咽，一碗两碗能开胃，三碗四碗顶顿饭。”

罐罐茶 喝罐罐茶是长城村老年人喜欢的一种独具特色的品茗习惯。罐罐茶因使用罐罐煮砖茶得名。煮罐罐茶的器具是出口沿杯状罐子，口沿下用细铁丝箍紧，长处留柄，柄上缠布条，防止烫手。一个罐罐，一块砖茶，再配以茶杯、小火炉、一只小杯及一堆干柴，吃罐罐茶就万事俱备。用搪瓷缸灌水煮茶才更有味地道，喜欢甜食的人可以在杯子里放上冰糖，炉边烤上馍馍，边喝边吃，很是享受。

罐罐茶

长城村村民在农忙季节，清晨饮一顿罐罐茶，整天都感到精神百倍，不会困乏；冬闲时候，村民们便围着小火炉去"熬"光阴。一杯暖融融的罐罐茶开启了大家的心扉，于是高谈阔论，或农家致富，或婚丧嫁娶，或诸子百家，或天南海北无所不及。喝罐罐茶也成为传递思想感情的纽带和人际交往的方式。

地椒茶 地椒有特别香气，又名百里香、千里草等，可作茶饮也可入药，还可作调料使用。《本草纲目》记载："味微辛，土人以煮羊肉食，香美。"地椒入药通气

采摘地椒（2018 年）

消痛，缓解感冒咳嗽，缓解消化不良和急性胃肠炎等病症，还可降血压。端午节前后是采摘地椒的最好时机，鲜茶采回后可自然风干也可慢火温熟，即成地椒茶饮用。常饮地椒茶有温中散寒，祛风止痛，防暑解渴功效。毛泽东率陕甘支队长征过彭阳，夜宿长城塬乔家渠，饮地椒茶，创作《长征谣》，传为佳话。

◉ 农历节俗

腊八 长城村过年从腊月初八开始，到正月二十三结束。腊八这天，村民用小米、豆类煮成粥，再加入荞面做成的“麻雀头”（丸状），熬成五香黏粥，俗称“吃腊八”。腊八粥要赶在天不亮、麻雀出窝前吃完，表示麻雀已经被人吃掉，来年无雀害，预祝粮食丰收。腊八粥也称“糊涂粥”，村民会将一些粥糊在门楣上敬门神。

腊月二十三 供祭灶神。旧时以灶神为家神，有“司命主”之说。这天家家户户都要送灶神，先焚香拜祭，贡灶糖（米做的形似梳子的大板糖，又叫梳子糖）、灶干粮、枣山（发面中镶枣盘成山形），撕下旧灶神像到户外焚化，称送灶神上天宫议事，糖有甜嘴之意，祈求“上天言好事，回宫降吉祥”，等到大年三十（除夕）接回。腊月二十三日之后，家家户户开始大扫除、杀猪宰羊、缝制新衣、煎炸食品、贴窗花、糊灯笼，新年气氛日渐浓烈。民间流传着“二十四扫尘日，二十五做豆腐，二十六宰羊猪，二十七杀公鸡，二十八把面发，二十九蒸馒头，三十晚上乐一宿，初一早上拜年去”的俗语。

除夕 即腊月三十，小月时为腊月二十九。早晨起来，洒扫庭院，悬挂灯笼，贴对联，请灶神，准备年夜饭。午后，村里各户族到坟头祭祖，接祖宗神位回家过年，正月初三送走。傍晚吃“长面”，晚上点灯笼、放爆竹，晚辈向长者磕头、长辈向晚辈发红包、看春晚、吃年夜饭，乐到半夜甚至天明，称守岁。民间流传着“一夜连双岁，五更分二年”的俗语。

正月初一 长城村村民在新年第一天有上庙祭祀神明的习俗，传说在零点钟声响起时谁能抢上第一柱香，谁就能得到神明庇护，当年行大运。正月初一，吃过早饭后，全家老少穿戴一新，赶着牲口，倾巢出动，称“出行”，又叫“迎喜神”。“出行”结束回家时，折取路边最繁茂的蒿子，插在粮食篅上，寓意请回摇钱树。正月初一一般只给族内长者拜年，不串亲戚。正月初二开始走亲戚、看朋友。

破五 正月初一到初四忌向大门外倒垃圾，初五这天解除禁忌，称“破五”。当天，在大门外挖坑，把积攒的垃圾倒到里面称“倒穷土”，填埋称“填穷窟窿”。

人七　正月初七民间俗称“人七”，寓意“家眷人齐”，这天禁止出门走亲访友。相传为保佑家人当年平安健康，这天晚饭一般吃红汤长面，称“拉魂面”。当晚迟睡，叫“等魂”。

上九　正月初九是新年首个最大阳数，称“上九”。这天，长城村庆祝新年系列文化活动拉开序幕。社火开始出窝子，走村串户，给各家各户拜年，送去吉祥祝福。自乐班开始在村文化广场演唱秦腔。

正月十五　看社火，闹元宵，赏花灯，热闹程度等同除夕夜。正月十五这天，人们出门赏月、鸣放烟花爆竹、猜灯谜。长城村村民一般不吃元宵，因为过去没有糯米等原料，主要吃“长面”。现在村民紧跟时代潮流，也开始吃元宵。改革开放后，正月十五晚上张灯放花，儿童挑上灯笼游村串户，村落内外灯火通明。过去，新嫁娘在正月十五都要回娘家观灯，谓之“躲灯”。

正月二十三　要“燎疳”。白天在自家院中或大门外用柴火、麦秸、杂草等堆成堆。剪一串黄纸小人，用香火点出眼睛、鼻子、嘴巴、四肢和衣服纽扣，揭下对联，放到柴火堆里。天黑时点燃柴火堆，家人挨个跳火，小孩由父母抱着跳，老人在火堆边跨一下，寓意去除“干气子”，燎去疾病晦气，祈求全年平顺。灰烬未熄之前，用木锨将灰烬扬起，如烟花状，边扬边问什么花，同时以各种粮食花名回答数次，寓意来年五谷丰登。母亲们拾起还未熄灭的柴火，在孩子头上绕圈后扔回火堆，祈求孩子全年少生病。正月二十三“燎疳”除霉运后年就过完了。

二月二　长城村男人这天都要剃头理发，期望新年吉利，精神饱满。二月二又正值“惊蛰”前后，冬季结束，春回大地，万物复苏，也称“龙抬头”。二月二，村民将各样粮食爆炒成熟，叫“炒豆豆”，村民最爱吃的是燕麦、麻子等混合炒成的“豆豆”，大人小孩都以此为食。相传薛平贵在这天要去王宝钏彩楼接绣球，忘记时间，看到几个小孩在吃豆豆，就问今天什么日子，小孩回答二月初二，薛平贵才猛然想起和王宝钏之约，直奔彩楼。因此，这天都吃炒豆豆。孩子们哼唱歌谣“二月二，炒豆豆，门上来了个大舅舅，要针呢，要线呢，一屁打到后圈呢！”

清明　是民间祭祖时节。长城村各家祭祖活动有的在清明前两三天或后一两天进行，有的在清明当天进行，各姓沿袭时间不同。清明时人们在墓地周围栽植树木，修补墓冢，铲除杂草或立墓碑，并焚化纸钱，供奉奠品。多年未归者在祖先墓前宣读祭文以寄哀思。

端午 五月初五称端午节，长城村村民称“过单（端）午”。早上在门窗上插柳枝，大人小孩手腕都系上彩线拧成的彩绳，小孩的脚腕、脖子等处也会系上彩绳，还给小孩胸前戴香包，衣服肩膀缝香包，香包样式多，有元宝、动物属相、口袋等，并在香包里装上香草。长城村村民最爱过端午喝燕麦酒，吃蘸白糖或蘸蜂蜜的白粽子。

八月十五 即中秋节，阖家团圆，家家户户都要吃月饼。有以蜂蜜、核桃仁、枣子为馅烙成的月饼，还有红曲、姜黄等食用色素点缀的五层或七层的蒸月饼。长城村在中秋节前后采酿土蜂蜜，因此有中秋节吃蜂蜜的习俗。

寒衣节 在彭阳战国秦长城以南广大汉族中，自古以来就有“十月一送寒衣”的习俗，意为农历十月初一要给已逝去的亲人送去御寒衣物，表达思念。送寒衣源于长城塬孟姜女千里寻夫送寒衣哭长城的传说，流传至今，形成习俗。寒衣一般由家庭最年长者带领子孙用纸叠成衣物形状，在其中塞少许棉花代表棉衣，和纸钱一起焚化，同时供上祭品。送寒衣都在自家庭院门前进行。 如今“绿水青山就是金山银山”的理念深入人心，村民更多选择以低碳环保的方式送寒衣，年轻人则利用网络祭奠、在线祭扫等新型祭奠方式，表达对逝去亲人的哀思。

◉ 传统礼俗

以汉族传统习俗为主的长城村婚嫁、丧葬等民间习俗，有明显的地域特征。随着社会的发展，长城村村民逐渐摒弃旧习陋习，提倡移风易俗，仪式新办简办。

婚嫁

中华人民共和国成立之前，长城村男婚女嫁，完全是父母之命，媒妁之言。1950 年《中华人民共和国婚姻法》颁布，实行婚姻自主，恋爱自由。如今，男女双方经过一段时间恋爱了解，双方定亲，购置好新婚家庭所需用品，办理结婚登记手续，选择吉日举行婚礼。一些年轻人的婚礼选择由婚庆公司承办，或者选择更为轻松的旅行结婚。

长城村传统婚嫁习俗包括说媒、相亲、自验、研礼、定亲、送二程、择期通话、响棚、娶亲、婚礼、宴客、铺床、谢媒送客、回门等环节。

说媒 媒人（又称“猴下山”）在传统婚姻中发挥重要作用。旧时礼俗就有“天上无云不下雨，地上无媒不成双”之说。男女双方必须由媒人撮合方能成亲。男方相中女子后，即找媒人去女方家提亲。征得女方父母同意，在双方生辰八字相配后才进行下一礼节。若男女双方不熟悉各自情况，则通过各种关系“查根基”“查三代”，互查对方家族近三代人的家境、职业、品行、健康等。

相亲 一般由媒人约好时间地点，或者媒人带男方到女方家相亲。适婚男女第一次见面。双方相亲同意后，女方由母亲、姑嫂、姐姐等陪同去男方家去“看家”。

自验 送自验酒。由男方家给女方家送去两瓶酒，女方家把酒摆放在自家锅台灶前，约定自验期限，三天、五天、十天不等，若自验期之内风平浪静，双方顺事（吉利、不出意外），证明亲事顺利，可以按程序继续进行。若有不顺，说明“不合（长城村村民将‘合’读作‘guǒ’）”，亲事不成，退回男方自验酒。

研礼 旧时农村包办婚姻，男方家出彩礼，女方家要彩礼，由媒人做中间协调，商定一个双方都认同的礼金。

定亲 也叫“栓媳妇子”，时间一般选在正月十五、端午、八月十五等传统节日或择良辰吉日，男方到女方家定亲，送头程、送沾亲布、栓媳妇子、走礼、接准心、女方要二程等。送头程，指带红点的馒头、酒、礼方（方正的大肉，外包装贴红纸），以及给女方送的衣服布料、鞋袜等。沾亲布，女方父母各一件或各做一身衣服的布料。栓媳妇子，男方长辈到女方厨房的灶台上上香烧表，行礼，用右手食指沾表灰涂在女方两眉梢前额中间。男方长辈再用一丈二尺红头绳编成项圈（锁锁）上面栓银圆或钞票，多少由女方家确定，亲手给女方戴在脖子上。走礼，男方先交一部分彩礼，女方家族长辈从彩礼中拿出部分钱交给男方叫“让礼”，让出的彩礼不能带回，随手交给女方，或由媒人分给男女各一半。接准心，男女双方当着双方家人的面，互赠礼品，证明双方都有诚意成亲。要二程，给女方要嫁妆，品目繁多，衣服鞋袜、针头线脑、金银首饰、珍珠纽扣、家具用具、麦和羊（麦羊是“美祥”谐音，以后演变成现金）等。二十世纪七八十年代流行“三转一响”，即缝纫机、自行车、手表和收音机。90年代流行“三金一冒烟”，即金戒指、金耳环、金项链和摩托车。如今很多人选择用现金代替物品，女方根据自己的需要置办。

送二程 也称“下二程”“送绢程”。一是兑现承诺，男方备齐“要二程”中定下的物品；二是“齐礼”，交清彩礼；三是商量娶亲时所有规程及“折仪”（折仪指女方娘家为陪嫁妆要求男方承担部分钱，多为半数）；四是“问话”，男方提出大致某月娶人，征求女方意见。

择期通话 即“看日子”，选定良辰吉日。据男女双方生辰八字，推算出一两个吉日供双方选择。在结婚的当月，正式通知女方。

响棚 男女双方家都要提前宴请本家族人和本村“五七户家门”（泛指各姓邻居），每户来一两人帮忙，又叫“代劳”，安排迎接宾客、提壶端盘、执席下菜、布置新房等工作。

娶亲 男方到女方家娶亲的人数为单数，回来时加上新娘为双数，寓意好事成双。娶亲人员有赶箱子的（负责拉运女方嫁妆）、卡人的（抱新媳妇上马或上车）、拉马的（拉新媳妇骑牲口的男童）、约客的（专门陪送亲的娘家人），女方送亲称为“大客”。娶亲时男方要带上礼品、礼方、伴席干果（瓜子、花生、大枣等）、路衣路带、手套和上马鞋。此外，还有“坐斗”（用小布袋装上小麦）、折仪钱、喜钱、伴米（女）行行（盛油瓷器）、伴女布（一块红布剪开均一指宽的布条开口，给娶亲送亲的人撕下系在纽扣处）、换碗子（红布包裹的装有食品合扣在一起的两只碗）、离娘布（为新娘父母做衣服的布料）等。二十世纪六七十年代以前，娶亲全用牲口，娶亲队伍一路上撒“花红盖之”纸条，逢桥过十字路口燃放鞭炮。

到女方家后，女方家查验所带东西是否齐全，然后入席吃饭。筵席后女方家人在院中开始摆所陪嫁妆，称“亮陪方”，嫁妆一般装在大红木箱里。摆陪方时每摆一件陪方，都向娶亲人要钱，越多寓意越好。摆陪方的人巧舌如簧，找借口多要，娶亲的人则多开玩笑，尽量少掏钱，整个过程说笑不止，热闹非凡。摆完陪方，就由赶箱子的人收拾捆绑好，驮在牲口背上，中间坐上女方家的平辈或小辈男童，叫“压箱子”。

娶人，又叫“卡新媳妇”。新娘子坐在家里下炕角哭嫁。娶亲的人先给新娘子戴上红盖头，抱到门外的牲口背上。新人穿好路衣，系好路带，佩戴护心镜。路上若碰到其他娶亲队伍要停下来，新娘子互换东西，一般是临行前在衣襟上插的几根针或者顶针、手绢。随着人们生活水平的提高，开始用小汽车娶亲，娶亲车的数量、档次、颜色由女方家确定。

一般娶亲赶箱子的人先到家，男方家里要给压箱子的孩子压箱钱。新娘子快到时停下来，让送亲的大客走在前面。到男方家大门外，男方家鸣炮或吹唢呐迎接，并派两位穿长袍大衣的人行抱拳三揖礼，大客中两人同时作揖还礼。三接三迎进屋后，为大客端来上面搭条毛巾的洗脸盆，称为“开尘（洗脸）”。礼毕，看座吃偏桌饭，有下马点心

农家婚礼（2018 年）　　梁宗科　摄

（糕点）、碗子（烩肉碗里加一个熟鸡蛋）等。

婚礼　举行婚礼之前要给新娘子梳头开脸，又叫“上头开生脸”。开完生脸后，新娘子换好礼服，开始举行婚礼。

20 世纪 50 年代之前，长城村兴跪拜礼，拜堂行大礼。到 60—70 年代，兴鞠躬礼，程序很简单，婚礼主持人宣读结婚证后婚礼就结束。由于当时人们生活拮据，条件不好的男方给女方送亲的人只能吃一顿萝卜豆腐烩菜。改革开放以后，长城村村民生活一天比一天好，婚礼程序逐渐复杂，传统与现代结合，中式与西式结合。主婚人、证婚人、媒人、舅家、主家等一一上台。有的在饭店里包宴席招待，有的在家里院里搭帐篷待客，场面宏大，喜庆热烈。

长城村传统婚礼仪式中，香案桌上放装有小麦的五升木斗，用红纸封口，斗里面放有尺子、剪刀、镜子、杆秤等物，桌上摆灯笼、香表。桌下面铺红绒毡，毡上面放一个筛子，娶人牲口面向下马方向站定，把新媳妇抱下马放到筛子里跪下，新女婿同时跪在新媳妇的左边。新婚夫妇喝下交杯酒后，点香焚表，叩头拜天地后再把新媳妇抱入洞房，迎面撒谷豆杂粮，木斗也同时放进洞房炕里角，新媳妇面向木斗坐定，叫“坐帐”。然后请送亲女大客到新媳妇洞房，由男方家端上盘子，盘里有酒、酒杯和讨钥匙钱（女方嫁妆箱子上锁，钥匙在女大客手中）。这时女大客收盘中钱后才用钥匙开锁，取出女方换的衣服和女方给男方做的账鞋，并给男方交钥匙，为“讨钥匙”。

宴客 婚嫁称“红事”，男方宴客一般为三天，叫“过事”。第一天，来宾贺喜的叫“跟事”。先吃便饭（烩菜汤、馒头或羊汤床子面）后坐席，一般8人一桌。提壶人作揖先给首席上座斟上黄酒（自酿米酒）而后看烧酒（白酒），酒过三巡，菜过五味，浇好水菜碟子方可吃凉菜（水菜上席没有浇汁子）。一般是12个碟子。一般的热菜做法有八件子、九魁、十全、十三花等，最好的席是十三花，上一道菜，带一道饼，看一轮酒。席上有限量食品，如“白炉食”，每人限量2个，“肉丸子”，每人限量1个，多吃就是失礼。还有一道菜叫“青龙过江”（一碗清水里放一根葱），是绝对不能吃的，专门用来蘸洗筷子（因为席上有荤有素，有甜有咸）。

第二天为正事，请客中头一天女方娘家人坐首席，第二天男方舅家坐首席。上午点茶后，在院子中央正面摆一张桌子，两边摆偏桌，请出男方最老的长辈坐正桌，而后偏桌有舅家人或娘家人作陪，按辈分依次开始恭喜。先给正桌主人点烟看酒，再给偏桌客人看上酒，行跪拜礼。包括偏桌陪客，新女婿要磕头四次。新婚夫妇磕头后，对方要赏喜钱。

铺床 又叫“耍床”，即闹洞房。俗话有“新婚三日无大小”，谁都可以闹洞房，但一般都是平辈的族人和朋友。铺床人善于开玩笑，摊开被子四角卷上红枣、花生、糖果、核桃（寓意早生贵子、甜蜜幸福）等，从四边向里卷紧后猛然提起，新人和耍床者争抢。男女新人谁抢得多谁就获胜。耍床者抢到的东西，新人要配合耍床者出游戏一一赎回。

洞房多设有暗灯（在墙壁上掏个小洞，把清油灯放到里面，外用红纸遮光），此灯盏要点到天明，不能熄灭，寓意夫妻日子红红火火，恩爱天长地久。

谢媒送客 男方给媒人准备的媒鞋、媒帽、烟酒、鸡腿等，新女婿还要给媒人叩头，感谢媒人为婚事来回奔波。送请客和大客时，要端烟、酒、肉等礼品。

回门 婚后三天或五天，新人一同去女方家。婚后十天，新人一同再到女方家，女方在娘家住十天返回，叫“坐十”。婚后一月整，女方娘家人接女方回娘家，一个月后再送回，并把娶亲时送来的“伴米行行”里的小米取一小撮返还给男方，叫“坐对月”。

请干大 干大，即义父，请干大，即拜义父。按照当地说法，如果子女经常生病、爱哭、不睡觉，就得给子女请干大，用锁锁（长命锁，或红布做成的项圈）拴一下，保佑子女平安健康。有些人家，不论有多少子女都要给孩子请干大。请干大不论孩子年龄大小，不满周岁至十几岁都可以请干大。可以请干大（男性），也可以请干妈（女性）。一般需要请三个不同姓氏的干大或者干妈，也可以请一位干大或干妈。

选三姓人主要有两种方式，一种是迎干大，父母抱着孩子等在路边，碰到的过往行人就请求其给孩子当干大，路人如果愿意，就拿红绳挂在小孩脖子，算认定干儿子（或干女儿），最好是迎到的第一个路人答应当干大。另一种是访问姓氏，上门请不同姓氏的人，被请人如果同意才算定下。请三姓人，一般是迎一个请两个，也可以请三个。迎好或者请好干大后，择吉日，请干大来挂锁写保状。干大带来长命锁挂在干儿子（干女儿）脖子上，宣读保佑文，干大同声誓词，保佑孩子长命百岁、一生平安。在孩子结婚之前，再择吉日，给孩子赎身，干大把给孩子戴的长命锁取掉，还给孩子许下的心愿，这样以保孩子永远平安健康。

请了干大的孩子结婚前必须择日赎身。赎身时，要诵经，干大帮扶干儿子（干女儿）闯过各种设置的关卡，男孩穿女孩衣服，围女孩头巾，女孩穿男孩衣服，戴男孩帽子，过板凳桥，双脚不能着地等。 寓意战胜一生磨难，保佑一生平安。 最后干大亲手打开套在孩子身上的枷锁，赎身仪式结束。

寿诞 生日是每个人每年重要的时日之一，一生要过很多次生日。年龄不同，生日这天举行的礼仪有所差别。男孩子出生后 29 天，女孩子出生后 30 天，举行隆重庆祝仪式，招待来客，称“过满月”；出生 100 天，俗称“过百路”；满 1 年称“过岁”。“尊亲在，不敢言老”，贺寿是小辈为父母长辈过生日的说法，也是中华民族孝老敬老传统美德的表达。

寿礼多数在花甲（60 岁）、古稀（70 岁）之年举行。古人云：人活七十古来稀。70 岁以后的寿礼很隆重，特别是在耄耋（80 ~ 90 岁）或是期颐（100 岁）之年的大寿往往是寿礼之极。举办寿礼有的则不论年龄，只要添子添孙，或是自己留了胡须就可以庆寿。一般来讲，整数之寿（俗称总岁数）较零岁数隆重，逢整十之外一般不办寿礼，要办规模也较小。

长城村村民把寿礼称为“过寿”“贺寿”，或叫“过好天气”。男女寿诞也有不同称呼，男称“椿寿”，女称“萱寿”。一般过 50 岁后才能做寿，寿典一般在年龄逢整十的诞生日举行，庆寿要比平时隆重得多。男性过寿遵循“过九不过十”，如 60 岁的庆典就在 59 岁生日做。女性则过“满”，必须逢十，即只有满 60 岁、70 岁整等才能过寿。

寿星岁数愈大，庆典就愈隆重。因为年岁愈高，愈受人尊敬；年岁愈高，子孙愈多；年岁愈高，来日愈少。老人寿诞前，给姑舅家备好礼品，晚辈亲自登门邀请。寿堂是给老人祝寿的场所，如果在家里给老人祝寿，寿堂设在正窑或房子正厅。在院子里搭棚，必须把寿堂设在首席，如果寿宴安排在饭店、酒楼，则寿堂设在筵席大厅前台中央。

寿堂上挂横幅，上书某某人几十大寿，正面墙上挂一个大“寿”字或“八仙庆寿”“五福捧寿”“蟠桃献寿”“鹿鹤同春”“百寿图”等字样。挂中堂男女有别，如果给男性祝寿，挂“南极仙翁”或“双龙献寿”等图；如果给女性祝寿，挂“瑶池王母”或“麻姑献寿”等图。

寿堂正面一般要摆方桌陈设礼案，上面摆放寿桃、寿糕、水果、烟酒之类，有的还摆上两根红色寿蜡，烛面贴有金色“寿”字或“福如东海，寿比南山”等祝福语，祝寿时置于寿堂香案烛台上，寿礼开始时点燃，既有祝贺之意又增加欢庆气氛。也可在此摆放礼簿（礼单）登记客人送来的贺礼。

相对考究的寿堂布置如上所述，平常一般人比较简单随意，着重考虑待客的饭菜、烟酒的档次以寿星高兴、来客满意为主要目的，其他方面一切从简。

丧葬

长城村自古崇尚礼仪，传统丧葬礼俗繁杂多样。现一些带有迷信色彩的仪程逐渐被摒弃，彰显良好家风家训等传统礼仪仍在传承。

送终　病人弥留之际，家人日夜轮守看护，悉心照料。女的请娘家人、男的请舅家人探视，若病危急，探望者不能过夜应立即返回。病人去世后，向娘家或舅家报丧。恭请娘家或舅家在丧事中非常重要。

停丧　病重临危之时，将病人由卧房移至正房（窑）中临时支起的木床上，家人以麦草垫地守护。如果病人在日常所睡的睡床上离世，移到木床上称“移丧”，需诵经。在逝者头顶烧纸钱，称“倒头纸”，在门外烧纸钱，称“引路钱”。并在床前设置临时供案，点“长明灯”，放香炉、奠酒、吃食罐（装有少量食物，意为供逝者埋葬前“食用”）等。把逝者生前病床上的铺盖衣物全部搬出室外，搭在墙头高处。将逝者枕头剪开把枕芯中的荞皮倒在附近十字路口，路人便知此家有丧事。

请阴阳　阴阳是指懂五行、知风水、熟悉丧葬礼仪的先生。请阴阳需确定三项内容：一是定出殡时间，二是择墓地（也称阴宅），三是诵经超度，现已逐渐摒弃。

修墓 坟地一般由阴阳用罗盘定方位。必须请三姓人在三天时间内完工。墓坑分明坑、穿堂、半穿堂三种。老年者均全穿堂，夭折者多为半穿或明坑。

请家门 挂灵堂前一日，请家门（外姓邻居）到家，宴席款待，推举总管，出《执事榜》，给代劳人员分配工作，在大门前出讣告。

挂灵堂 一般在逝者去世后第三天，在停放逝者的窑洞（房屋）挂上纸活，再用纸做成长6寸（3寸=10厘米）、宽2寸，书写上逝者姓名的灵牌，置于供桌前。挂上灵堂后，孝子再成孝（披麻戴孝）。

成服 即成孝。分斩衰、齐衰、大功、小功、缌麻，以亲疏远近确定穿戴孝服和守孝期限，并出门告。孝长子，穿七尺长孝，戴麻冠，次子穿五尺短孝，五代孙在白孝上缝一条红布。给前来吊唁的亲友散发孝帽。丧事办完后孝子盘起长孝戴在头上、穿白鞋或佩黑纱。

入殓 一般3～7天为入殓时间。入殓的时，男性逝者要剃头修胡须，女性逝者要梳头净面。逝者子孙们都要跪守旁边，称“亲视含殓”。棺木中铺盖俱全，为逝者理好寿衣。根据条件在棺木中放入金、银、珠宝、钱币等小的陪葬品，遗体前后左右全部用纸或纸张包裹的细干土一点一点填实到逝者不能移动为好。孝子瞻仰逝者遗容，盖上棺盖，孝子烧纸钱大哭，表示最后诀别。

报丧 报丧指丧家向亲戚朋友邻里等报告逝者葬期。逝者故去后，第一时间给娘家、舅家报丧。孝子要带上烟酒礼品亲自登门，但不能进入对方大门。娘家、舅家人来到丧者家门前，全体孝子必须上前跪迎，匍匐于地，大声哀举，直至迎入灵堂，待吊唁完毕，叩头谢礼。娘家、舅家会指责主家不周到处，互有安慰亡人之意。主家须尽量满足娘家、舅家所提要求，避免丧事耽误。已出嫁的女儿、侄女及义子、义女（干儿子、干女儿）可由其他人代劳报丧，送去孝布。

吊唁 吊唁者因为与逝者关系远近亲疏有不同礼数、方式也有所区别。出门在外的子女或其他至亲接到讣告以后，要及时奔丧、吊丧。子女接到信息以后，不顾一切上路奔丧，临到家时“望乡而哭”。已出嫁的女儿一路哭来，丧主家由女人到半路迎接陪孝女哭到灵堂，到灵前上香、烧纸、哭悼，直至有人劝慰才停止，奠酒叩拜起身。古礼中人生有三父三母（父母、舅父母、岳父母）之说。因此女婿、外甥、义子（干儿子、干女儿）吊唁时在灵前必须哭悼。其他亲朋邻里吊唁，只在灵前上香、烧纸，宽慰孝子节哀顺变。凡有哭悼的，在场守丧的孝子必须陪哭。每位吊唁者上香、烧纸、奠酒、奠茶后叩首起立时，孝子都要手柱丧杖叩一头致谢，吊唁者言道：“孝一礼（理）”，意即孝子只施一礼，是孝子都一样之意。

书礼　也叫上礼簿。丧主家会请专人书礼。一般亲友及吊唁人在礼簿上上香纸、奠仪（现金）。至亲要上香纸、白祭一副（八个大馒头，俗称“大馍馍”），馍越大表示其心越诚，其孝越重。拿小馒头的叫“点心”，十六个算一副，祭羊一只，以后演变成羊钱若干。若来不及做馍馍的，也可装上一点小麦或用钱转成馍也可。

以个人、亲友、单位名义送花圈、送挽联、送挽幛的一律要抱拳行三揖礼。送花圈是生者悼念逝者寄托哀思的最普遍而又较简单的礼仪。送挽联则是表达对死者的哀悼，对活人的慰勉。可以用言简意赅的文字充分表达吊唁者的感情和思想。

领羊　出殡前夜，要辞灵，也称“领羊”。拉来三只羊站于灵前，一只代表姑舅家，一只代表众亲戚，另一只代表本家，丧主在领羊全程中不断烧纸，全体孝子跪在灵前围住羊。由一人用清水洗羊四蹄，口含清水喷羊头，书礼先生宣读礼单（又称羊单，即在礼簿上搭情的所有亲朋好友名单），后焚烧羊单，再由一名德高望重的家族长者或总管叙述逝者未了的一系列心愿，至羊头摆动或全身抖动。如果羊无动于衷，说明逝者还有未了心愿没说出，姑舅家、亲戚、本家轮番回话直至领羊，领羊结束后孝子动哭声。通过这种方式让逝者和生者之间进行最后一次沟通，完成未了心愿，现已逐渐摒弃。

出殡　时间一般都在后半夜，出殡队伍要少许进食，先领驮纸羊（又称“开路羊”）一只，装吃食罐，扯灵（搬出所有灵堂纸火），扫材（即把棺材头抬起，孝子放几个铜钱在棺下，然后用新扫帚扫棺盖上浮土，称“扫材起棺”，取“捎财起官”的意思）。长子或承重孙执“引魂幡”前行，孝子每人持丧棒，一人向路边撒纸钱。停棺下葬，将“吃食罐”置于墓堂，用草把或土坯封墓穴口。填土时家人及送葬者各铲土三锨掩埋。烧化纸钱或放置花圈，孝子将丧棒插于墓前。

居丧　又称“守丧”。葬期三日后，孝子上坟祭奠烧纸，重新修正坟丘，修通水路等，称为“攒山”。每七日一祭，在家门外烧纸祭奠，一期称“头七”，七七称“尽七”，共七次四十九天。亡故一百天后烧“百天纸”。每次祭奠烧纸都要动哭声。再至周年（头年）、二周年（二年）、三周年（三年）祭奠，三年服满大祭。根据不同情况三七或百天内“忌孝”。“忌孝”期间孝子不能进入别人家门。三年孝期内，过年不能贴红色对联，可以贴绿色对联。

礼宾是丧葬仪式中最受尊崇的职业。丧主家（逝者后代或亲人家）请礼宾（先生）

举行一系列葬礼丧仪。礼宾主要任务有撰写讣告、楹联、挽幛、主牌（逝者灵位牌）、祭文、哀辞、碑文、墓志铭、铭旌等，跑马圈茔，主持点主仪式，宣读祭文、哀辞，引导孝子举行献饭仪式。能当礼宾者，一般都有一定文化知识，懂得儒家葬礼规程，且德高望重。长城村比较有名的礼宾有陈庄的庞世俊、李炳焕、曹炳让等人。如今丧主家一般只请三四位礼宾为逝者撰写墓志铭、铭旌，以彰显其功绩，使后辈永志铭记。

方言谚语

方言

称谓 在长城村，对曾祖父一般称“太爷爷”，曾祖母称“太奶奶”。对祖父称“爷爷”，祖母称“奶奶”。对祖父的兄弟，按排行大小称几“爷”，如“大爷”“二爷”……最小的称“岁爷”；对祖父的姐妹按排行称几“姑奶奶”，最小的称“岁姑奶奶”。

对父亲称“大”，现在一般叫“爸”，对母亲称“妈”。对父亲的兄弟按排行称几“大”或几“爹”，最大的称“大子”或“大爹”，最小的称“岁大”或“岁爹”，对父亲兄弟的妻子按排行称几“妈”。对父亲的姐妹按排行称几“娘”，最小的称“岁娘”，父亲姐妹的丈夫按排行称几“姑父”。对奶奶娘家和父亲同辈的男性称“姑舅爸”，对和父亲同辈的其他男性称“表叔”，对和父亲同辈的其他女性称“姨”。

对祖母的兄弟，按排行称几“舅爷”，祖母的姐妹称“姨奶奶”。对曾外祖父称“外太爷”，曾外祖母称“外太奶”。对外祖父一般称“外爷”，外祖母称“外奶”。外祖父的兄弟按排行先后顺序称几“外爷”，最小的称“岁外爷”，外祖父的姐妹也称“姨奶奶”。对外祖母的兄弟也称“舅爷”，姐妹也称“姨奶奶”。和外祖父同辈的其他男性则统称“爷爷”，和外祖母同辈的其他女性则统称“奶奶”。

对母亲的兄弟按排行先后称几“舅舅”，最小的称“岁舅舅”，对母亲兄弟的妻子称“舅母”；对母亲的姐妹按排行先后顺序称几“姨姨”或“姨娘”，母亲姐妹的丈夫称“姨父”；女婿对岳父称“姨夫”，对岳母称“姨娘”。

妻子对丈夫的哥哥，当面称“哥”，对外人则称“压伯子”；对丈夫的弟弟，当面称“弟”或直呼其名，对外人也称“他几大”；对丈夫的姐姐，当面称“姐姐”，对外人则称“他几娘”；对丈夫的妹妹，当面称“妹”或直呼其名，对外人也称“他几娘”。

丈夫对妻子的哥，当面称“哥”，对外人则称“世兄哥”；对妻子的弟弟，当面称

"弟"或直呼其名，对外人则称"小舅子"；对妻子的姐姐，当面称"姐姐"，对外人则称"大姨子"；对妻子的妹妹，当面称"妹"或直呼其名，对外人则称"小姨子"。称妻子姐妹的丈夫为"挑担"。

天象地理

热头爷——太阳

冷子——冰雹

延个——昨天

淋子雨——中到大雨

沟堖——水沟掌

戗面风——逆风

胡圈——山洞圪

嵝岘——两座山之间的过道

过雨——雷阵雨

窖雪——风吹起的雪

歪后天——大后天

坎子——地埂

堖——壕沟、窑洞尽头

宿宿（长城村音"xiǔxiǔ"）——星星

塄——地

浓霜地釉子——地面由霜结成的薄冰

时令农事

人七——正月初七

一工——一会儿

大尽——大月

刮草——割草

重茬——连播一种作物

年时——去年

后晌——下午

小尽——小月

搭镰——开始收割

动物植物

泡牛——公牛

牙狗——公狗

句狸猫——松鼠

燕叽叽——燕子

信候——猫头鹰

蛤蟆疙瘌子——蝌蚪

呱啦鸡——山鸡

蒿子——茵陈蒿

黄蒿苔——蒲公英

狗尿苔——野蘑菇

乳牛——母牛

牙猪——阉过的猪

哈哈——鼹鼠

挂挂牛——蜗牛

屁蜂蚂——蚂蚁

野狐子——狐狸

海簸箕——贝壳

毛莠子——狗尾草

地椒子——百里香

席芨——芨芨草

毛衣子——冬天山野中的杂草

其他方言

老先人——祖先
好天气——老年人寿诞
栽拐——不成器
销——不结实
诧人——小孩认生
日弄——糊弄
作假——客气
老百年——老年人去世
歪人——厉害的人
热眼——羡慕
头餐——中药煎第一次
包劳盖子——膝盖
滑拉拐子——髁骨
双身——怀孕
小月——小产
帮尖——差不多
害娃娃——妊娠反应
劳暮——只有
一老——经常
料——自我炫耀、卖弄
礼当——礼物
沃野——好
带盖——总共一起
后圈（茅房）——厕所
日鬼——做事不细心不认真，随便应付
压伯（长城村音“bei”）子——丈夫的哥哥
赞——自我显示比别人强，与众不同
先后——妯娌
然——反复
后人——儿子
弹嫌——嫌弃
该账——欠账
老碗——大碗
马眼——不理想的人或事
板颈——脖子
绺客子——小偷
传讲——嘀咕
缭——缝补
插插——衣服口袋
刮刮——锅巴
头身子——头胎
日能——能干
顶当——力气大
颇烦——心烦
带赖——一共
嚷惊——喊、吵闹
亏当——多亏
么医治——没办法，难对付
茶饭——做饭手艺
卖牌——说大话，炫耀
新绚——干净、色泽鲜艳

吮（长城村音“shún”）——丑、不漂亮，或者爱占小便宜

谝子开——爱吹牛、说大话的人

打和（长城村音“huo”）声——随声附和，起哄

囊棒——没本事、办不成事

谚语

柳絮经不起风吹，露水经不起日晒。

灯火取不了冷，露水解不了渴。

有智不在年高迈，有理不在声高低。

好花不怕人看，真理不怕人辩。路不平众人踩，理不公众人摆。

不怕山高路远，就怕心怂志短。

才干在学习，知识在积累。

蜜蜂不嫌花粉少，学习要争分夺秒。

明人不做暗事，好人不讲脏话。

烙馍要烙熟，说话要说实。

话不在多少，人不在大小。

人不讲虚言，老鼠不打空圌。

衣要勤洗，账要勤还。

精打细算，粮食不断。

丰年要当荒年过，免到荒年挨饥饿。

细水长流，一辈子不愁。

闲地多种药，利民收入多。因地制宜多烧砖，能盖房子又赚钱。

春色（2019 年）　　杨巨辉　摄

艺文杂记

长城村传承优秀红色文化与固原东山文化，耕读传家、立德修身，人文气息浓厚，吸引大批县内外游客来访，也吸引了众多文人墨客采风，留下了很多诗歌、散文、故事。特别是毛泽东率领陕甘支队长征翻越六盘山，登上战国秦长城，夜宿乔家渠，留下著名词篇《清平乐·六盘山》，使长城村这个名不见经传的小山村名扬天下。

◉ 诗词

秋登长城塬[1]

高锐[2]

一

长城塬上耀金光，黄土映秋阳。
放眼望遐方，坦荡荡空无谷粱。
凄惶怅望，何年引得，茹水上山冈。
漫野莽苍苍，仲秋月瓜甜果香？

二

千秋战火燎斯方，草木尽烧光。
剥去地衣裳，赤裸裸风鞭飞扬。
可怜黎首，为充饥腹，只顾滥开荒。
日炙风更狂，黄土地何能复康？

长城土丘[3]

高天光[4]

一上高原万里愁，长城颓败迹空留。
千嶂古木横荒塞，百堵圮墙成土丘。
人世几回悲往事，始皇本意绝边仇。
保邦岂在山溪险，万代帝王二世休。

---

① 原载李守银、崔东编《固原古今诗词选》，第 269、270 页。

② 高锐（1919—2016），山东莱阳人，曾任兰州军区参谋长兼宁夏军区司令员，军事科学院副院长等职，少将军衔。

③ 原载彭阳县党史地方志编纂委员会编《彭阳县志》，宁夏人民出版社，1992，第 599 页。

④ 高天光（1905—1960），彭阳红河人，民国时期曾任城阳乡乡长、固原县民政科科长，甘肃省岷县民政科科长、代理县长等职。岷县解放前夕，率众宣布投诚起义，后申请回原籍务农。

烽火台[①]

苏全科[②]

襄王筑此起狼烟，遗迹空存千百年。
高矣逼天红日近，登临纵目在云边。

长城塬引水工程[③]

李文斌[④]

长城引水开新篇，气壮山河冲霄汉。
巧夺天工建渡槽，白马庙前奇效显。
潺潺流水上高山，凝是银河落九天。
昔日旱塬变江南，扶苏蒙恬亦惊叹。

领袖夜宿长城塬[⑤]

瓮志罡[⑥]

公元一九三五年，星移斗转乾坤变。
长征路经十八山，最后一座翻六盘。
雪山草地重重阻，关隘开险阵阵寒。
空袭追堵苦卓绝，围困截灭艰罕见。
盘桓陕甘地域处，“西北”“东北”包剿间。
拔掉腊子口栅闸，稳操直罗镇局面。
缴获界石辎重物，突破会宁封锁线。
会师南北虎添翼，聚力诸方龙游天。

---

① 原载苏生瑜:《诗对斋集》，2012，第 56 页。

② 苏全科（1906—1977），彭阳红河人，曾在今红河、城阳、草庙、白阳镇等地从教。

③ 原载政协彭阳县委员会编《彭阳文史资料》第 2 辑，第 179 页。

④ 李文斌（1938—   ），甘肃镇原人，曾任彭阳县古城中学、县职业中学校长，彭阳县史志办公室主任等职。首部《彭阳县志》（1996 年版）主编。

⑤ 原载彭阳县党史地方志编纂委员会编《彭阳史志》（季刊），2019（4）。

⑥ 瓮志罡（1959—   ），彭阳新集人，曾任彭阳县文化局长等职。现任固原书协副主席、宁夏书法家协会会员、中国乡土作家协会理事、中国书画家协会理事、中国书画院院士。

高堡兴隆铁流涌，单集张易凯歌传。
临风六盘吟词篇，屈指二万望大雁。
青石嘴下敌扎驻，纵队手落倾巢端。
缴获战马百余匹，组建骑兵侦察连。
陈赓断后急行军，又遇追尾敌狂澜。
展开激烈突围战，歼灭敌军四个连。
经过小岔夕宿营，主席窑洞住一晚。
油千层饼羊肉汤，地椒茶炕桌上端。
红旗猎猎向彭阳，萧关腾腾又激战。
凌晨突现敌援兵，店洼布下口袋战。
军需物资收囊中，意气风发再向前。
行止周沟敌鹰飞，两架空袭投十弹。
午时小憩白杨城，飞机狂轰未用餐。
黄昏到达长城塬，领袖夜宿乔家院。
乔家羊肉床子面，主席心系伤病员。
留给他们补身体，吃起带皮洋芋蛋。
油灯夜记《长征谣》，“不到长城非好汉”。
黎明又闻飞机吼，盲目投弹惊无险。
左路启程草庙乡，合围民团击溃散。
会集刘堡遇土豪，拔钉分粮指镇原。
留下革命星星火，建立峁堡交通站。
穷追不舍节节迫，巧取奋击仗仗酣。
吴起镇上布恶阵，奋力一击破凶顽。
延河水唱柳林笑，载歌载舞庆延安。
延河水清宝塔高，军民情深意气轩。
南泥开荒热浪涌，杨岭旗飘红日烜。
山丹花开红遍山，黄河浪吼势滔天。

秋登长城塬白马台①

叶长青②

白马萧萧控古塬，荒冢凄凄独悄然。
云铺故垒拖秋雨，雁带余霞飞远巅。
山气犹含贞女泪，风声常诉将军冤。
惆怅同人不载酒，几回凭吊长城边。

长城塬③

何海燕④

塬上风光恣意游，浓茵碧绿醉悠悠。
草铺翠毯情无限，树展芳姿意更柔。
喜见乡村新景就，且闻田垄麦浪流。
路平曲径留痴客，直把闲身入镜头。

春游长城塬⑤

祁飞龙⑥

踏春塬上倚蟠龙，无限风光俱入胸。
鸟语关关烽火尽，祥云淡淡野花丛。
江山万里谁横锁，雪雨千年画正浓。
昔日扶苏督建处，长城遗址草青青。

---

① 原载政协彭阳县委员会编《彭阳神韵》，第 373 页。

② 叶长青（1963— ），彭阳王洼人，曾任彭阳县刘塬乡乡长、县史志办公室主任等职。现任宁夏社会科学院办公室副主任、副编审。《彭阳县志》（上下卷，2011 年版）主编。

③ 原载彭阳县党史地方志编纂委员会编《彭阳史志》（季刊），2019（4）。

④ 何海燕（1976— ），女，彭阳孟塬人，宁夏作协会员、宁夏诗词学会会员、彭阳县作协副主席，现就职彭阳县盐业公司。

⑤ 原载《彭阳史志》（季刊），2019（4）。

⑥ 祁飞龙（1975— ），彭阳草庙人，中华诗词学会会员、宁夏作协会员、宁夏诗词学会会员。

◉ 散文

将灵魂栖息在花海

李方[①]

应该有这样一个地方：它有清澈的溪流和碧绿的草木，有和煦的阳光和洁白的云彩，有馨香的花朵和甜美的硕果，有宽厚的土地和亲善的人民。如果有了这些，无论这样的地方是处在崇山峻岭的环抱之中，还是处于广袤无垠的平原之上，都是可以让人的灵魂栖息的。

是四月，清明的微雨中，我来到彭阳，来到山花盛开的沟壑梁峁。

这是长在白岔村公路旁的两株桃花。远山，静静地伫立在细雨的温润里。那大山陡崖下的窑洞，只可蒙眬地瞧见它们模糊的影子，而洁净的小院里，农用车在静默，四处走动的狗犹如一粒黑豆，一会儿向东，一会儿向西。 簇拥围绕在小院四周的桃花，也只是一片隐隐约约的淡粉。但是道旁的这两株，却如此明丽，如此绚烂，如此暗香浮动。这开放的五瓣的桃花，有着粉红的颜色，但是在花朵的根部，其实是红色中夹杂了暗黑。暗黑，不是纯黑，仅仅像是丹青妙手的随手一抹，而那笔锋中原本就残留着赭红。由这细丝绵密的春雨渗透，把这赭红冲淡，洇染到花瓣上，这看似白色的花朵，便有了粉的成色。令人惊讶的是：这两株并开的山桃，竟然会释放出那样浓烈的香味，站立在它们的面前，仿佛身旁放置了两缸没有加盖的蜂蜜。这样浓烈而四处弥漫的香甜的气味，又饱含了可贵的春雨的水分，直入人的肺腑，荡涤人的心胸，让人感觉，自己已经是花朵的一部分，是春天的一部分，是美好的一部分。

长城塬的花朵却是另外一种颜色，一种精神，一种气派。如果一朵花也可以报告春天，那么一树花就可以代表一个季节，那么一片花就可以预示一种未来。车从平坦的长城塬上驶过，如同遭遇了一场持续不断停不下来的雪。清风吹过，枚枚完整的花瓣飘进车窗，落入人的胸怀，既像一片片薄薄的碎玉，成为你的配饰；又像是失血的红唇，倾诉着无边的相思。 而那些成片的桃花，成林的杏花，恣意汪洋，无拘无束，洁白粉嫩，铺天盖地，灿若艳霞一般地开了，洁白如雪一般地开了，而且连株成林、林接成片地开

---

① 李方（1964— ），固原市文联《六盘山》文学双月刊执行副主编，宁夏文学院签约作家。

放，不管不顾地开放，任性随意地开放，使你不能对某一朵花瓣注目，使你不能对某一株花树赞美，其实就是要让你的眼睛感受刺激，让你的语言感受无力，让你的心灵感受震撼，让你目不暇接，让你无法表达，让你感觉这春天花海的大美。

但是五峰山的花朵，却多少有些禅意。前山后峰，桃花花团锦簇，杏花花艳若霞。五峰山的花，静。安然地孕育骨朵，悄然地绽放花蕊，不事喧哗。晨钟暮鼓的敲响，多少让花懂得了安静也是一种美。净。开放在峰顶的花朵，被四野的清风吹拂，不致接纳尘埃；开放在山坳间的花朵，仅接收春雨的洒落，也让花朵明白，干净，是同花朵本身的质地一样，是一种内涵，是一种魅力。独。在五峰山的半山腰，有一株独特的杏树。半人高的树干是独立的，但此后，它一分为二，两个分枝，恰似一对并肩而立的恋人，只把彼此的心思向对方倾诉，只把各自的馨香，吐露给对方。尽管，在它的周围，并没有其他杏树。但是我想，它孤独地矗立在这里，但相对来说又不是孤独的。 那么，这是一株多么幸福甜蜜的杏树。 这两枝茂密繁盛的杏花，又是多么地富有浪漫和坚贞的气质。

茹河的桃花、杏花，是有着热闹的行为的。这源于它们的身边，有着那样的一条活蹦乱跳的河流，有着那样的洒金溅玉的瀑布，更有着四面八方赶来踏青观瀑的人群。所以，花朵们也热热闹闹地开放，像游客们一样三三两两地布满山冈。 顺河而下，茹河两岸，夹杂在松柏之间，徜徉于白杨垂柳之畔，粉粉白白，红红艳艳，自自在在地开起来，摇起来，花瓣洒起来，花瓣落下来，洒落成一片桃花雨，洒落成一阵杏花雪。

在陈沟村，午后的春光明亮而温暖。在山坳里，桃花杏花掩映下的农舍前，奶奶和孙子孙女坐在花树下，纳着鞋底，看着书报，一条纯白的小狗，好奇地抬头张望，却并不出声。这一切所组成的这幅春和景明的山居图，是怎样一幅人与自然和谐相处的田园画。人勤春早。自然的一切呈现，如果没有人的劳动与创造，都会是单调的，僵硬的，缺乏生机与活力的，也就不会是富有精神内涵和外在魅力的。

其实，在彭阳，在西海固，桃花、杏花，是信使，报告春天的消息。但同样，也是昭示，是硕果的另一种形式。而桃花、杏花所组成的花海，却不是自然的神力，而是人民的伟大实践与劳动，无穷的智慧和创造。这漫山遍野、铺天盖地由桃花、杏花所组成的花海，其实从上个世纪七十年代就已经开始营造。今天，在白岔村的一座被山桃、杏树、柠条、黑刺所覆盖的小山上，竖立着一块当地老百姓自发勒石以记的石碑，以缅怀和铭记当初在白岔村蹲点，调研、组织、动员、率领群众栽植经果林，以保持水土，改善生态，增加收入的老人。他就是时任宁夏回族自治区人民政府副主席的薛宏福同志。难能可贵的是，建县以后，彭阳人民在县委、县政府的领导下，以此为示范，为标杆，为榜样，几十年如一日，挥舞“生态立县”的大旗，一届接着一届干，一张蓝图绘到底，朝着“山变绿、水变清、地变平、人变富”的目标迈进。终于走出了在黄土丘陵区改善生态、发展经济、富裕群众的道路，也终于让彭阳的山川大地，呈现出了西海固大地上春天最早最美的花海。

人的灵魂，可以有许多地方来安置。但是，把灵魂栖息在春天里吐露出的花蕊中，栖息在没有喧嚣、没有污染、安宁祥和、干净粉嫩的花瓣上，应该是最让人向往和幸福的事情吧。

那么，就将灵魂栖息在彭阳春天的花海上吧！

我的家乡长城塬 ①

张俊孝 ②

长城塬吹过远古的风，风声传送一往情深。

长城塬吹过远古的风，风雨相拥飞鸟齐鸣。

长城塬吹过远古的风，你我牵手送走流云。

长城塬吹过远古的风，万里相拥在我梦中……

这是一首几年前在彭阳城乡传唱的歌谣，今天的我想起来仍有一种温暖和感动。无论何时何地，听到这首歌，我都有一种强烈的共鸣，它勾起我思乡的情绪，多少次梦中，我都在深情地呼唤——我的家乡长城塬。

长城塬坐落于彭阳城以东，茹河之北，是彭阳六大残塬中面积最大的一个。战国秦长城自西向东蜿蜒而去，秦砖汉瓦遍布墙根，故此得名长城塬。

这里有许多美丽的传说：“月儿圆圆分外明，孟女丈夫筑长城，哪怕万里迢迢路，送与寒衣是侬情”“十月里来十月一，家家户户送寒衣，左手端着浆凉水，右手拿着钱和纸，一送送到长城外；二月里来天气长，老龙抬头暖气肠，冰雪融化农时忙，始皇下令打城墙；三月里来是清明，家家户户上祖坟，人家上坟双双对，孟姜女上坟独一人……”。这些传说民谣讲的是孟姜女为丈夫范喜良送寒衣、始皇帝强征苦力修筑城墙、

① 原载彭阳县党史地方志编纂委员会编《彭阳史志》（季刊），2019（4）。

② 张俊孝（1964— ），长城村花园组人，固原市原州区人大常委会副主任、原州区总工会主席。

孟姜女为寻夫哭倒长城的故事。尽管彭阳长城塬版的“孟姜女哭长城传说”无文献佐证，但传说在长城塬民间却代代相传。然而让史学家们破译不了的是这里的民俗跟传说惊人一致：十月初一，村民都用白纸做成故衣祭奠先人；长城塬战国秦长城在彭阳境内东头有孟家塬，西端有姜家洼，北面有万寨科和范新庄，且至今还生活着相关姓氏的村民；还有一座被当地群众保存完好的长达20多米的“白马三太子”墓。那么是谁编织出这迷人的人文奇观？这些民谣又是如何传承至今的呢？

寻古问今却发现：长城塬虽历史悠久，但开发较晚，如今的居民少有塬上土著，绝大部分是从陕西、甘肃迁徙而来且历史尚不足二三百年。

难道几千年前这里真是人杰地灵，诞生过被后人遗忘了的先哲吗？难道历史会有惊人的重复吗？我惊叹——神秘的长城！

这里有光荣的革命传统。1935年10月7日，毛主席率陕甘支队，胜利翻越长征途中最后一座大山——六盘山，吟诵出气壮山河的词篇《长征谣》。7日中午，毛泽东亲自指挥一纵队一、四、五大队，打了一场出奇制胜的突袭战——青石嘴战斗，缴获战马100余匹，军用物资10多马车。10月8日，毛泽东随一纵队、中央机关、军委机关行军，傍晚到达长城塬乔家渠一带，夜宿长城脚下乔生魁家窑洞。时值深秋，天高云淡，大雁南飞，战国秦长城雄伟壮丽蜿蜒曲折，长征胜利在望，毛泽东以无产阶级革命家的伟大胸怀和诗人独有的气质，构思并经后来修改而成著名词篇——《清平乐·六盘山》。“不到长城非好汉”成为脍炙人口、饮誉中外的千古名句，成为革命前辈留给六盘儿女的精神财富，成为今天六盘山精神的精髓，更成为长城塬的自豪和骄傲。

50年代初，毛泽东的巨幅画像印发全国后，眼尖的乔生魁老伴吴氏一眼认出“这个人就是那晚在我家擀面案板上睡的人”。但由于历史的原因，毛泽东夜宿乔家渠的历史一直秘而未宣，直到1976年伟人辞世后，长城塬人民再也按捺不住对领袖的爱戴之情，自发行动起来，在主席夜宿旧址搭设灵堂，追悼纪念，塬上飒爽英姿的女民兵守卫灵堂，直至全国悼念活动结束。1976年11月下旬，毛泽东原警卫员陈昌奉在宁夏军区副司令员李凯国陪同下重走长征路，确认此址，并带走那块案板，后陈列于中国人民革命军事博物馆。那时塬上不论是老人还是孩童都津津乐道这个故事，都会吟《清平乐·六盘山》，都会唱《长征谣》，因为在这个故事的光辉照耀下，这里的人民坚定信念，紧跟党走，团结奋斗，屡建功业。六十年花甲，事事在先，处处在前，如今已成为宁夏全区的先进典型。张彦录、邓步英、李玉荣……就是长城儿女的时代象征。现在，如果你要问毛主席说的“长城”在哪里，他们会自豪地回答，她就在我的家乡长城塬！

这里有美好的未来。光阴荏苒，岁月蹉跎，斗转星移，古塬寂寞。中华人民共和国成立后，长城塬人民与天斗、与地斗，以革命的热情和豪迈的激情建设着自己的家园，年轮转入八十年代以后，伴随着共和国改革开放的步伐，沐浴着“三中全会以来”的春风，长城塬上修通了固原第一条水泥公路，二牛抬杠的耕作方式逐渐让位于设施农业，“九五”期间自治区十大扶贫工程之一的长引工程引水上塬，圆了干渴旱塬的千年企盼。老人们留恋不舍地从窑洞搬入新居。新风吹绿长城塬，福建杏鲍菇在长城塬安家落户，充塞着群众的腰包。肃穆的白马庙前响起了探戈舞曲，再看万亩经果林基地，桃花杏花争奇斗艳，红梅杏、朝那鸡成为彭阳地理保护产品。这时的长城塬真是一片风光无限！此刻，假如你再问起长城塬的明天，我坚信，从他们的脸上一定会洋溢出长城塬明天更美好的灿烂笑容。

伫立长城塬上，踏着古老神秘的战国秦长城，想着情思绵绵的孟姜女，思绪在过去、现在和未来的冲动中遨游，心中产生出一种前所未有的涌动，一切龌龊已被泪水涤荡。

风悠悠、情悠悠、思亦悠悠。长城塬，我的家乡长城塬！我知道，哪一块青砖让你千古，哪一片汉瓦让你永生；我知道，哪一朵桃花写满相思，哪一枝杏花把爱情唤醒！

长城塬，亲亲的长城塬！父亲一样刚强的长城塬，母亲一样慈祥的长城塬！

时间越久远，事件越清鲜。

我爱家乡长城塬！

◉ 杂记

乔得雄：一个故事的 40 余载

袁小存[①]

一

1935 年 10 月 8 日中午，毛泽东、周恩来、王稼祥等率领陕甘支队长征在店子洼（打石沟）击溃马鸿宾一部后，到达白杨城准备休整，却突遭敌机轰炸，红军一路行至长城

① 袁小存（1998— ），彭阳红河人，天津外国语大学学生，《法治日报》实习记者。

塬，大部队驻扎在白岔、长城塬、涝池一带。毛泽东夜宿乔家渠乔生魁（乔得雄的爷爷）家。红军进入乔家时，乔得雄的姑姑受到惊吓，躲到了案板底下。红军首长安慰说他们是红军，是救万民的，才平复了恐慌，打消了疑虑。但他们并没有透露姓名，只说是红军。随后乔得雄奶奶为毛泽东等人烧水做饭，特地用羊腿制成臊子，做成床子面。当晚毛泽东在乔生魁家窑洞创作了《长征谣》，即《清平乐·六盘山》初稿。次日，红军继续向陕北前进。

乔得雄已把这则故事讲了四十三年，并将继续讲下去……

“60年代，毛主席的画像开始张贴，我爷爷奶奶才认出来主席在我们家住过。”那个时候，红军不会说出自己的名字，乔得雄的爷爷奶奶通过对比和印象才认了出来。自此，乔得雄便从爷爷那里得到了这一段故事。1976年9月，毛泽东逝世，长城塬村民自发在乔家大院举行了追悼大会。“当时主席逝世，流落红军祁德福赶到，实在走不动，大哭一声”，说着说着乔得雄放大了瞳孔，手指不断颤动着。追悼大会上三个村的村民来到大院围成三圈，主席的画像挂在他曾经睡过的案板上，一朵黑纱掉在画像上，维持会场秩序的乔得雄背身哭了很久。10月，案板上调至中国人民革命军事博物馆之后，乔得雄的义务讲解生涯便开始了。11月，毛泽东警卫员陈昌奉在宁夏军区副司令员李凯国陪同下来到乔家渠进行了证实，确认了此地就是毛泽东当年居住过的地方。

长征是中国共产党领导中国人民英勇斗争的壮丽史诗，长征途经地具有历史性和现代教育意义。乔家渠毛泽东长征宿营地旧址的特殊性在于它保存的完整性，故事的丰富性和意义的代表性。乔家大院又处在长城村文化核心区域，周围有大量古村落，文化大院以及白马庙，战国秦长城等，每年春夏有大量游客前来，加之诸多参观学习等活动，乔得雄“日程”安排的十分满当，老人的讲解在某种程度上具有不可替代的重要性。

“来我这儿参观的人很多，有拍拍照就走的，有感兴趣问我的，有领导过来学习的，多得很”，老人靠在椅子上说道。

乔得雄居住的窑洞在毛泽东当年居住的窑洞对面。中间隔着一段保存下来的土墙，穿过中间的小洞，乔得雄就仿佛成了毛泽东夜宿乔家渠的见证者，由他把这个故事讲给人们听。在乔得雄住的窑洞里，两面墙壁整齐地贴着国家领导人的画像，挂着与来访参观领导的合照和自己的家庭照片。

去年春夏来到这儿的人非常多，一天能有500多人，而且每年来访参观人员都在增多。重走长征路提出之后，长征精神受到广泛关注，乔得雄也知道时下国家大事。“给人家讲这个事情，和社会那么多人接触，我也能了解国家大事，咱这也没有什么文化。”乔得雄三句话不离本行，总能在交谈中转到红军长征上，老人立刻挺起了身子，说道：“红军那个时候是极其艰苦啊，十几岁像你这么大的娃娃，脚上绑的烂草鞋，脚趾头磨出血，我家上面有口涝坝的水都喝干了。”老人眼睛睁得很大“你说容易吗？现在日子好啊！”乔得雄掀了掀帽子，皱纹显得更加多，扶着老人出门的时候，老人扶着腰，说腰扭了。

二

1947 年乔得雄出生，只上过小学二年级。他 21 岁时恰逢人民公社时期，给公社负责喂牲口。改革开放那一年，他刚好 30 岁，边讲故事边种田。

一年前老伴去世，“走了之后我的高血压严重得很，浑身是病”。老伴在的时候，他和老伴一起给前来拜访的人讲长征故事，“女领导过来多半是她陪着，男的来多半是我陪着”。

老伴去世后，乔得雄的精神状态一度很低落，但讲故事还是在持续着，有一次为参观者连续讲了两小时。

乔得雄坦言说自己脑子现在不好使，详细的内容讲不来，只能讲个大概，但是能保证不会出啥错误。当问及有没有讲错的时候，乔得雄自信满满地回答：“从来没有”，接着又补充道“可能有时顺序记错了啊，但他们都说我讲得好”。

参观者逐渐增多，乔得雄年龄越来越大，也就变得难以应付。有来访领导大都是前十几分钟才通知，有些时候会非常急切，“正在吃饭呢，也要放下，我在村广场看戏，跟集的时候，人家一通知，也要去”，乔得雄印象最深的一次是在彭阳县医院住院期间，乡上通知要来领导，乔得雄的儿子还没在家，只能自己坐车回到长城村去讲解，“这些事情一点也不能耽误”。

不光在乔家渠要讲，在外面也要讲。乔得雄记得去年高血压住院的时候，邻床的老人说“你是不是那个乔家渠的”。聊着聊着乔得雄就开始讲主席夜宿的故事，病房里面人很多，都在听。老人说到这儿的时候抹了一把嘴角，笑了笑。

乔得雄身体每况愈下，高血压，头晕耳鸣，前列腺炎让他身体真的吃不消，有两三次在住院的时候被叫回去，但他不觉得麻烦，“红军长征的故事要让大家都知道，这段历史不容易啊”。

2017 年，香港的影业公司在乔家渠拍电视剧，影棚从树林搭到了主席大像那儿，从早上9点开始到晚上10点多，而老人要把这个故事重复着讲直到满意为止。2018年7月，自治区组织来拍电视剧，要讲红军长征的故事，乔老一遍遍配合直到剧组满意。

不只是要讲故事，不只是疾病，外界的蜂拥而至让老人欣喜而又最终平静。

“那么多人过来，我就讲我的，讲完了就没啥事了。”乔得雄甚至连拍的电视剧是什么名字也不知道，不论是来往的游客，还是领导，还是拍电视剧，他都是按照自己存留的记忆，丝毫不落地讲给大家，老人仅仅是觉得红军长征的故事需要大家知道，并不为别的。

年龄越大的时候，皱纹越多，年轻时候炯炯的眼神逐渐消逝，关于长征的记忆也慢慢斑驳，或许未来会全然记不得那么多，老人不知道自己的寿命几何，但他说后半辈子只干这一件事。

三

隔着那堵遗留下来的土墙，老人每日来回穿梭，虽然两边都是自己的身影，但那份真实感和身份感总是不同。

有一天您离开了怎么办?

问及这个问题的时候，乔得雄开始谈起自己的家庭。

乔得雄四世同堂，重孙已经5岁了，但并没有显得那么“心满意足”。老大分家之后住在别处，老三没有留住媳妇，老人打趣地说道：“以前有我，老伴和老三，现在只剩两个穷光棍了。”三个儿子都没兴趣讲这些故事。

乔得雄的孙子以前在银川务工，现在被乡上领导叫了回来，在村上做会计，他的一项重大任务就是接乔得雄的讲解任务。老人去年给孙子打印了一张讲解文稿让他背，但孙子总是找借口说：“村上事情太多了，我一天事那么多，背不下来。”孙子每次来都是匆匆忙忙，前脚来后脚就已经要走了。

乡党委书记每次来都会问老人：“你孙子背会了吗？”老人只是笑着说：“他弄不了那活。”

老人的药盒里面装了各种西药，这在满墙的照片下不大引人注目。掀起门帘去厨房的时候，脸扭在一起，轻声说了一声：“我这腰不行了，疼得很。”但是在迎接我们的时候，老人拿着一袋青萝卜，走在最前面，步子迈得很快。

“外面太冷了，得让你们快快进屋。”老人这样说道。

乔家渠毛泽东长征宿营地完整修缮部分只有毛泽东窑洞部分，总共7孔窑洞。政府今年将会大量投资，将附近三十几孔窑洞进行集中整修，打造旧址纪念地。

“您怕要走更远的路去讲故事啊？”

“那谁知道啊？”老人眯着眼睛，用手拨了拨炉盖子。

乔得雄灶房里面温度很低，两个“光棍”做饭的频率足以证明。案板，锅台并没有沾满灰尘，而是极其干净。偶尔乔得雄大儿子过来帮他做顿饭，大部分时候他都是自己下面吃，挂面装在牛奶盒中，最上面的几根已经变干翘了起来。冰箱里面只有 3 个花卷和一点杂粮馍馍。

“我熬点罐罐茶，吃点馍馍就可以，好日子你们年轻人能享受，我这把年纪享受不了啊。”

在满是画像的土墙壁上，挂了一大串钥匙，用来开启 1935 年 10 月 8 日的故事，这串钥匙还将不断取下来，挂上去。

如果有一个人人都爱听的故事，

只有你可以讲好，

你愿意讲 40 年甚至更久吗?

乔家渠瓮家三代手艺人

袁小存

瓮金鼎老人年过七旬，精于根雕，创办文化大院，不断跨界，老骥伏枥。

次子国胜，自学麦秆画，建社于繁园，志存高远，用心创作，技艺精湛。

其孙曰兵，善于纸雕，亦可作麦秆画，为父分担，思维开阔，青出于蓝。

暮年瓮老心未已

“戏还没开始，我要给买红纸，写对联。”

71 岁的瓮老从广场刚刚回来，他声音洪亮，一把白胡倒显得精神矍铄。他是村子里的“文化名人”，曾作过 20 年的民办教师，创办了长城村第一个文化大院，开办书画院，擅根雕，习得一手好字，收集了不少祁连玉，秦艺团成员，会弹扬琴，现在对摄影尤为着迷。

根雕算是老人最“会”的技艺。据传根雕源自战国时期，明清兴盛开来，在城阳境内，瓮老和去世不久的杨世堂老先生是首批手艺人。

2000 年，瓮老退休后，有一次在茶馆中看见了一座树根茶台，“他们能搞，我也能做”，老人这样说道。于是，老人的根雕处女作——柳木茶台便诞生了，现陈列在手工室。

至今，瓮老的根雕作品有四五十件，“慢工确实出细活，但咱没有美术功底，根也难找”，根雕最重要的环节是寻找合适的树根（树瘤），瘦、透、漏是选材的重要标准，即消瘦，有窟窿疙瘩，能够漏水。一棵树上最不完美的部分往往就是根雕最好的材料。老人经常自寻和花钱购买，甚至每天雇 10 来人，每人 100 元去寻找好根。“只要能寻来好根，花钱我不心疼”，老人愉快地笑了笑。

制作一件根雕的过程很漫长，早期瓮老只靠简单的小刀和锯子创作，后来他开始用电锯。虽然能够快一些，但随着制作量和作品要求的变化，雕刻技法也就愈加严谨，工序愈加烦琐，大的茶台要花费一两年才能制作完成。老人的棕色木盒中有 22 把不同大小尺寸的刻刀和其他工具，凭借这些雕出了两只精美孔雀、巨型盘龙茶台、延年松鹤、灵猴古兽、大熊猫和神似希腊众神的根雕作品。

慢工细活，能卖得好价钱，瓮老的茶台卖过一两万元，但树材极少，成本极高，几个孩子都要养家糊口。“做这个一两年才能赚点钱，只能看儿子老了有时间干这个事情吗”。老人申请过非物质文化遗产保护，至今无果。最多的宣传也就是“像你们这样的人过来拍拍照，宣传宣传”，春天过来一些人，但真正交流的人少，转一圈就走了，连吃饭的也少。

不光是根雕让瓮老挂念。

美术功底薄弱算是“心头之患”。他打小喜欢美术，梦想就是学好画画。小时候喜欢看《水浒传》这类小人书，因此就迷上了美术，“我们哪有人指导，都是自己瞎琢磨”，上到小学六年级，16 岁便作了城阳小学民办教师，年轻时一月四块钱的工资只够填饱肚子，美术只能荒废了。老人今年的梦想是“看把画画能学好吗”。

瓮老想建一座民俗博物馆，收集过去的农具和老物件，“我也不是为了挣钱，就是想随手收集，盖个房子保护起来”，这个想法由来已久，他已经收集了如马鞍、轱辘车、风匣等许多旧物件，但没有地方存放。

“一个阶段一个阶段过去，这些东西就消失了。”

“我是为了保护它们，只要有人看，我就开心。”

除此，老人也会写剧本。

2017 年 10 月，瓮老创作了三个现代秦腔剧本，分别是《黄土情》《盼儿归》和《塬上红梅》，前两个改自罗致平老师的文章，三个剧本创新性极高。《黄土情》《盼儿归》

聚焦现今留守老人和在外打工的子女。《塬上红梅》集中展现回乡依托红梅杏创业的年轻人，剧本以当地秦腔的戏曲形式进行展现。老人对此津津乐道，本想要在自治区成立60周年大庆时上演，但没有专业的人员进行谱曲，秦艺团就不好演，剧本只能放在屋子一角的桌子上。瓮老拿起的时候拍了拍土，又坐在炉子前讲着那些他日夜构思的故事。

瓮老对新事物充满了好奇，并且一定要让这份好奇转化为实际行动。喜欢扬琴，便开始学，弹得有模有样。看到照相机，便将每月3000元的退休工资攒起来，托人花1.4万元买了相机。前些日子又掏钱买了电动汽车，给孩子们作了“公共用品”。

当然，不止这些。

老人捋了一把胡子，向后仰笑说“我什么都会，又什么都不会”。瓮老的这种“不会”，比“会”更让人着迷和称赞。

年过七旬的瓮老对自己的十八般武艺打了50分，自己说丢分丢在学艺不精。老人说“我这哪一样都喜欢啊，还想哪一样都搞好，就搞不好了”。

瓮老左眼有眼病，看东西不清楚，所幸腿脚还灵活，能够四处奔走，寻找更多自己“学艺不精”的美好事物。

年轻时候的瓮老未完成的梦想，在晚年迅速投入“运营”，自言技不如人，但一定令后辈仰慕。

瓮叔不惑念来日

瓮国胜是繁园艺术服务专业合作社负责人。据他介绍，此地从前叫作“樊家塬”，瓮国胜取“繁”带着一种寄托和期望。

2013年，瓮国胜上网接触到麦秆画，便萌生了要成立繁园合作社的想法。麦秆画是中国民间剪贴画的一种，隋朝时为皇家宫廷工艺品，麦秆需要经过“熏、蒸、漂、刮、推、烫、剪、刻”等多道工序，制作要求高，花费时间大，价格因而也普遍较高。

瓮国胜的工作区域是一间七八平方米的房间，靠窗前摆着一张大桌子，玻璃压着红布，中间夹着快做好的一些麦秆画作品。涂着各种颜色的麦草卷成圈，集中放在盒子中，窗前的一个黄色袋子中装了一袋染好色的麦秆。

今天瓮国胜要做的是红梅杏图。他打开牛皮纸本，简单地描摹出红梅杏树的枝干，然后拿出两卷麦秆，用小刀逐一刮去麦秆内部组织，使其变软。把乳胶倒在草稿上，并粘贴麦秆，进行基本的裁剪，使其符合大概样式，熨斗熨平之后，用烙花机画出树干纹理，如此反复，制作好树干，再用红梅杏和树叶，组合而成。为了不显其单调，配剪窑洞和篱笆，组成此幅作品。过程看似简单，做成基本样式花费了近 3 个小时。瓮国胜深知传统艺术的前进需要依靠技术力量的支持。“咱们这个啊，技术不好，没办法，只能自己操作”，瓮国胜这样感叹。他同时也对自己的美术功底不大自信，“我今后可能要专门去学画画，起码咱可以随意地自己画”。

瓮国胜出生于 1970 年，21 岁毕业后便像父亲一样，开始教书。两年之后，做起了牌匾，积累了一些画画技术。2003 年又开始养鸡，为了供养家里的孩子上大学，便去了内蒙古打工。直到现在，空闲时间回家作画，其余便在外打工。

“等我孩子书念出来，我想着把精力放在合作社上。”还有两年，小儿子就要毕业了，瓮国胜也感到一些压力，目前麦秆画的制作规模和销售依旧是难题，这也是制约乡村特色产品走出去的重要原因。

“这个合作社我们掏不少钱，才建起来的。”瓮国胜的妻子这样说道。对于丈夫，她只觉得他“老实得很，让他去跟政府上说，他总不去”。瓮国胜话很少，制作完成的时候连连说“差不多就这样了，不太好”。不惑之年的瓮国胜，麦秆画的事业才刚刚开始。

其子求远当如斯

瓮国胜在里屋工作，屋外摆着一张小桌子，上面摊开了一些手稿和麦秆，右上角叠放着六幅麦秆画，但都不像是瓮国胜的风格。这几幅更加可爱俏皮，有一对鹿，一只猫，更像是年轻人的作品。

这些就是瓮兵做的，他是瓮国胜的儿子，眼睛不大，很腼腆，三年前开始学做麦秆画，还会做纸雕。“纸雕可以添加灯光等，更加契合年轻人对文艺品的消费追求与生活理念。”

瓮兵在青岛理工大学读大二，学土地资源管理专业。他未来想做游戏设计，自学编程和其他课程。做麦秆画是想帮父亲分担一些，“父亲未来想办展，我想帮帮他”。当然，瓮兵的麦秆画做得也很出色，想象力和创造力使得麦秆画不再是题材局限的艺术形式。

瓮兵跟母亲的关系很亲近，小时候淘气闹事，如今懂事之后，总想着尽自己的力量分担一些。和母亲交谈的时候，他总是握着母亲的手，不时看着母亲。他说话很少，但都是用心的。

瓮兵并没有被某些东西束缚，所谓的承业也需要关注人自身的主动性，瓮国胜只是希望儿子能够不要离家那么远。瓮兵说：“我会回来，我喜欢待在环境相近的地方。”

瓮老像个小孩，瓮兵自有深虑，瓮国胜在案前缓慢地刻画着一幅幅麦秆画，这三代人被标记着一些相同抑或类似的身份，但却未被束缚。如此，一切才能自然生长而恰如其分。

◉ 歌曲

长城塬的风

（男声通俗）

1=D $\frac{4}{4}$

悠远地，慢慢地

单永珍 词
马国俊 曲

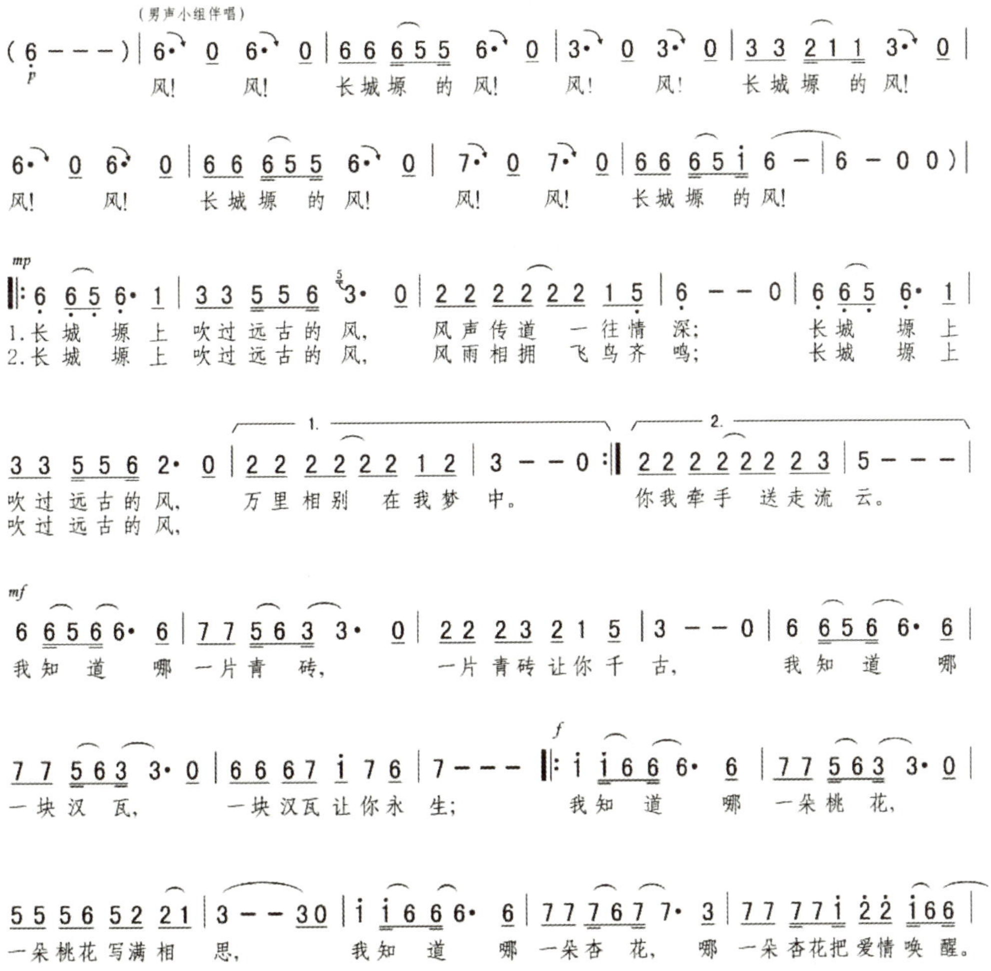

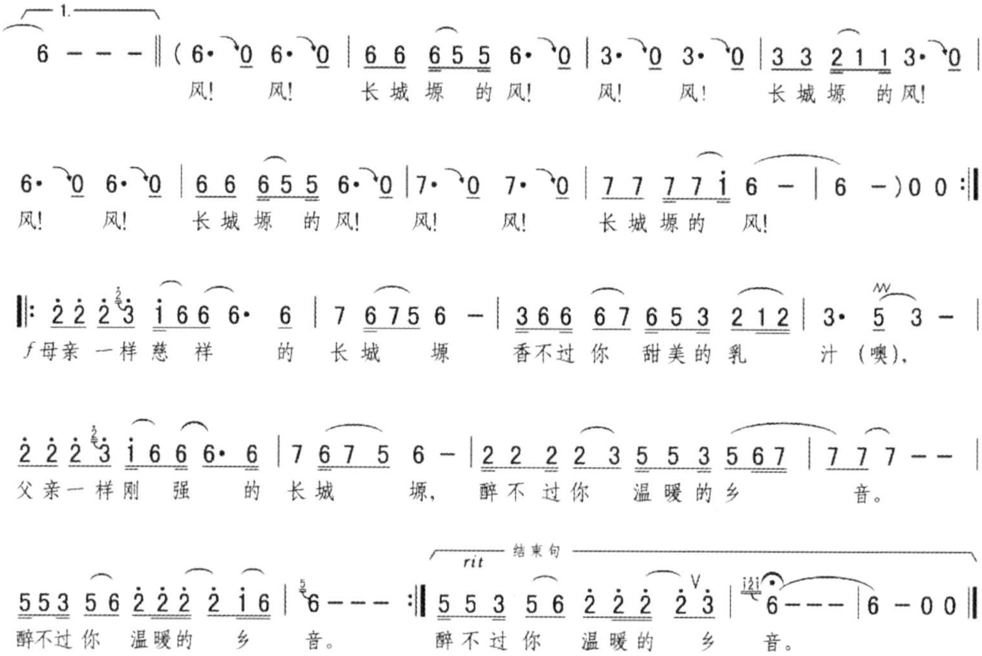

长城塬

（男声独唱）

1=♭E 2/4

民歌风、稍自由

李方 词
马国俊 曲

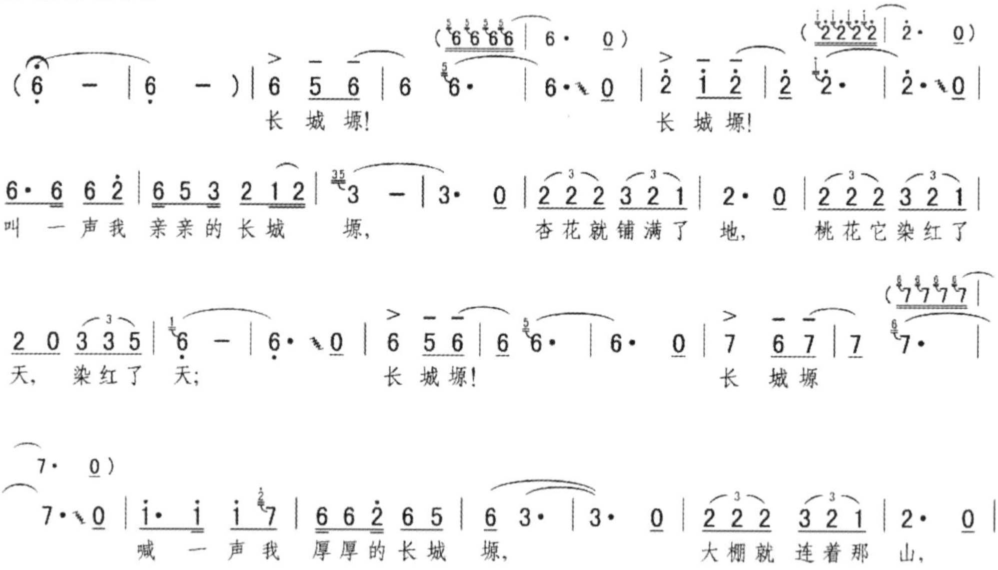

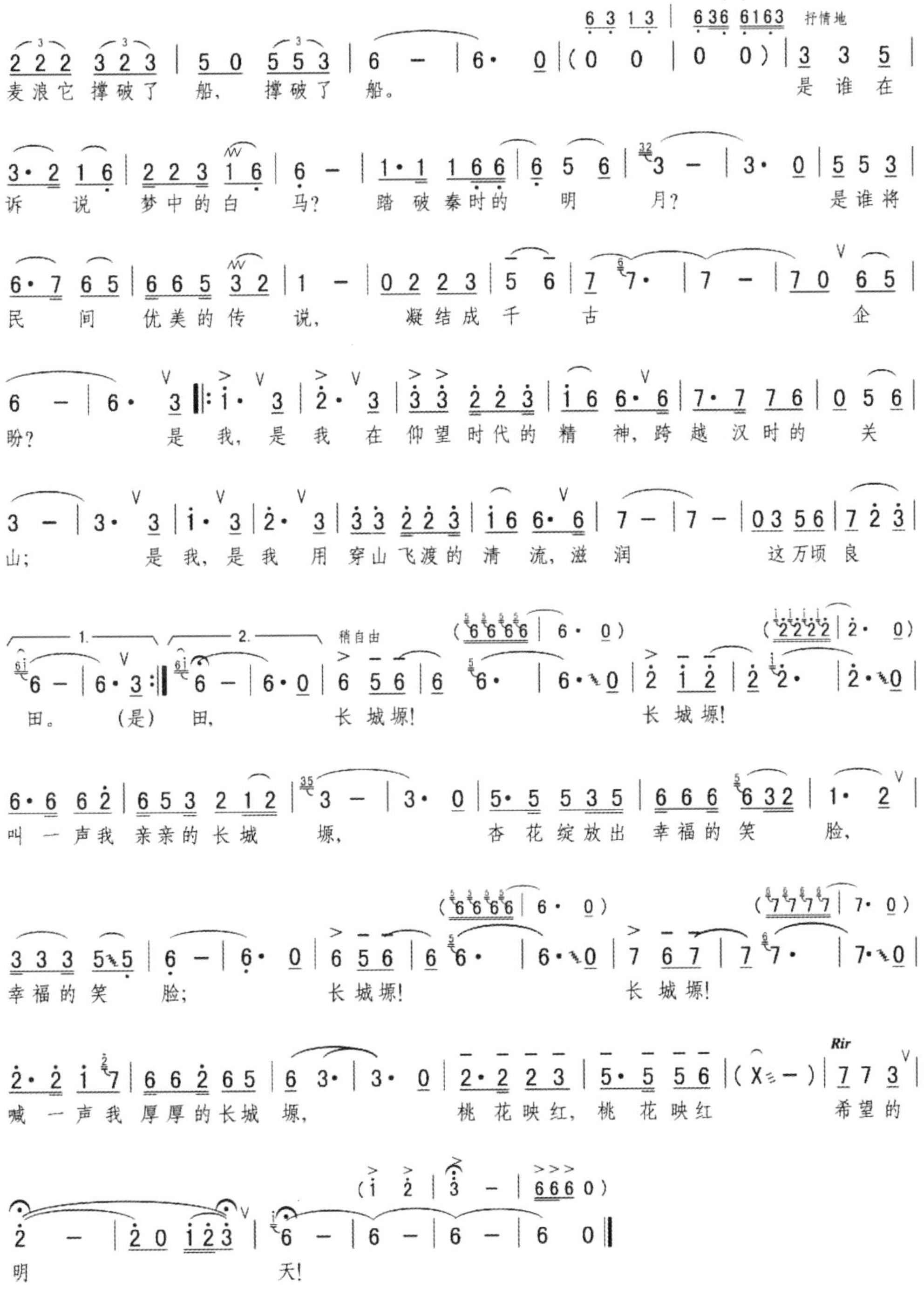
抒情地
麦浪它撑破了 船，撑破了 船。 是谁在
诉说 梦中的白 马？ 踏破秦时的 明 月？ 是谁将
民间优美的传说，凝结成千古 企
盼？ 是我，是我 在仰望时代的精神，跨越汉时的关
山； 是我，是我 用穿山飞渡的清流，滋润 这万顷良
田。（是）田，长城塬！ 长城塬！
稍自由
叫一声我亲亲的长城塬， 杏花绽放出幸福的笑 脸，
幸福的笑 脸； 长城塬！ 长城塬！
喊一声我厚厚的长城塬， 桃花映红，桃花映红 希望的
明 天！

◉ 逸闻传说

孟姜女哭长城

长城塬西有姜家洼，东有孟家塬，西北有范新庄。相传，孟家塬有一户姓孟的人家只有老两口，年近半百，膝下无子，成了他们的一块心病。

一天，姜家洼姜姓老两口逃难到孟家塬，遇见孟家老夫妻，两家都缺儿欠女，互生怜悯。孟家就收留姜姓老两口做了邻居。

这年惊蛰，孟家院子菜园里种的一颗南瓜子，蔓长跨过两家隔墙直到姜家院里，还结出一颗小南瓜。秋天，南瓜就长成笸篮一般大小。方圆十里的村民从来没见过这么大的南瓜。

到南瓜采摘时，两家犯了口舌。孟姜两家都认为南瓜属于自家，各执一词互不相让。这时，正好有位白发银须、手持卦幡的算卦先生到门口讨水喝。见此情景，问明原委，算卦先生手拈银须，笑嘻嘻地说："按我说，你们一家种瓜，一家看瓜，都有功劳，一分为二，岂不美哉。"孟姜两家觉得算卦先生说得在理，就请算卦先生主持分瓜。正准备切瓜时，突然瓜里面传出孩子的哭声，在场的人都惊呆了！只见算卦先生笑而不忙，款款落刀，将瓜切开两半。只见瓜中有个乖巧的小女孩，刚一见人便会说话。刚从惊奇中缓过神来，想孩子快要疯了的两家人又争了起来。算卦先生又作和事佬："罢！罢！罢！两家别争了。既然瓜属两家，这孩子自然归两家。"

两家不解地异口同声问道："这瓜能分，孩子咋分呢？"

"我给你们出个主意。孩子在你们两家各生活一月，从孟家开始，轮流抓养。"

"我们一家姓孟，一家姓姜，那孩子跟谁家姓呢？"

"这好办，姓两姓，名字就叫孟姜女吧！"

"孩子长大了咋办？"

"女孩子是一门亲戚。孩子大了寻上一门子亲，你们都是孩子的娘家爸妈，问题不就解决了吗？"

两家听了算卦先生的建议，开始忙活起来。待想起感谢算卦先生时，早已不见踪影。

原来，孟姜女是天上的仙童，有难被打下凡间，投了瓜胎。这天，正是她降生的日子，天神扮作算卦先生到人间接她出世。

一晃十六七年过去了，孟姜女在两家人的悉心照料下，出落得端庄大方，聪明伶俐，成了远近闻名的美人。孟姜女到了谈婚论嫁的年龄，却没个媒婆上门提亲。原来方圆几十里的青年男子都被抓去筑长城了。正在两家着急时，算卦先生不请自到。孟姜两家盼来了救星，便问：“恩人，孩子这般人好，为何不成婚配？”算卦先生慢腾腾地说：“不是不成，时候未到。这孩子出自南瓜，是个菜心，要寻个姓范（饭）的后生，饭菜才能相配。”

孟姜两家对算卦先生所言深信不疑，开始四处托人带信打听姓范的人家。好事多磨，这年除夕，瑞雪纷纷，孟姜两家张灯贴对，准备过年，门前来了个叫花子（乞丐），被冻得昏倒在孟姜两家大门外。孟姜两家老人觉得他可怜，就抬进屋里取暖，待清醒后问：“孩子，你哪方人氏，为何落到这般地步？”“范新庄人氏，我自小离娘，与父相依为命。父被官兵拉去筑长城，杳无音信。范新庄今年遭遇雹灾，颗粒无收，便到处讨要。”两家人心想眼前不就是日盼夜想的范郎吗？等范郎缓过精气神，洗漱穿戴干净后，原来是个仪表堂堂的小伙子！

孟姜两家有意，一对年轻人有情。孟姜两家选择黄道吉日，给范郎和孟姜女办了亲事。可是好景不长，新婚第三天范郎就被抓去长城塬筑长城了。

十年八载过去了，范郎再也没有回来。

有年农历十月初一，孟姜女孤身携带御寒衣物，沿着长城寻夫到长城塬，听说丈夫筑城累死的消息，悲愤至极。一声长哭，长城崩塌，露出范郎尸骨。悲痛欲绝的孟姜女，掩埋了范郎尸骨，便投崖自尽了。每年农历十月初一，彭阳县长城内的村民都有“送寒衣”习惯，相传为孟姜女祭夫所留，久化成俗，流传至今。

公子扶苏体恤劳工

《史记》载：“扶苏为人仁。”“刚毅而武勇，信人而奋士。”扶苏是秦朝宗室大臣，秦始皇长子。因直言劝谏父亲，反对坑杀“犯禁者四百六十余人”一事，触怒秦始皇。受命前往上郡，协助大将蒙恬修筑长城，抵御北方游牧民族匈奴。相传，公子扶苏监蒙恬军至长城塬，见筑长城劳工蓬头垢面，形同苦囚，长年累月忍饥挨饿，在鞭打下劳役，苦不堪言，顿生怜悯，遂令休息三日。谁知劳工们劳累至极，一头栽地，虽三日已过，还在昏睡之中。这时，恰遇中车府令赵高联合丞相李斯篡改秦始皇遗诏令扶苏自杀。扶苏死后，筑长城民夫不忘扶苏功德，就将他厚葬在长城塬。

因公子扶苏喜乘白马，民间尊其为白马天神。当地百姓在长城塬建起了白马天神庙，世代祭奠公子扶苏。民间又称白马天神庙为白马庙、白马爷庙、扶苏庙。庙前有一座巨型坟冢，相传为扶苏墓。白马庙旁立有一座石碑，碑座上雕着一只白兔，整个石碑被一朵有碗口粗细的白芨草覆盖，很难被发现。所以，民间就有了“你从长城塬上过，不知白兔在白芨卧”的说法。四时八节，人们都会到白马庙焚香化表，以祭奠这位为民着想的秦国公子，香客络绎，香火旺盛。长城塬也因此又称白马庙塬，一直流传至今。

白马庙（2019 年） 杨万忠 摄

村民创作

道情：赞长城塬

赵王辅[①]

甲：哎，老哥们，听说长城村党支部
　　今天搞文艺演出，咱们看热闹去。
合：哎走（乐起）
甲：我老汉今年七十三，
乙：想不到长城有今天，
丙：长城塬的形势就是好，
丁：这离不开党的好领导。
（过板）
甲：好政策、新观念，
乙：人人思想大改变，
丙：今天不把别的谈，
丁：单说一说长城塬。
（过板）
甲：长城塬，不一般，
乙：因啥得名有根源，
丙：战国秦长城，到今天，
丁：悠久历史几千年。
（过板）
甲：白马庙，神话传，
乙：白马天神到人间，
丙：人们为了留纪念，
丁：白马腾空在眼前。
（过板）
甲：自治区项目定了点，
乙：长引工程要实现，
丙：零三年，喜讯传，
丁：一条水龙上了塬。
（过板）
甲：水上塬，人心欢，
乙：群众干劲冲上天，
丙：打井窖，修农田，
丁：地膜玉米夺高产。
（过板）
甲：乡政府，做规划，
乙：巧做安排人人夸，
丙：种芹菜、种菊花，
丁：经济作物一齐抓。
（过板）
甲：有了水，灌农田，
乙：黄土变金人称赞，
丙：红辣椒、胡萝卜，
丁：亩产达到一万多。
（过板）
甲：村委会，组织好，

① 赵王辅，乔洼组村民，擅长编写道情、宁夏数花等。该作品创作于2005年，多次被彭阳县委宣传部、城阳乡人民政府选用演出。

乙：劳务输出人人搞，
丙：合理安排闲人少，
丁：地里农活要搞好。
（过板）
甲：长城的形势大发展，
乙：群众的生活大改善，
丙：骑摩托，看彩电，
丁：农用车辆普了遍。
（过板）
甲：新农村，大发展，
乙：三处盖上了居民点，
丙：好事太多说不完，
丁：再把长城新貌说一番。
（过板）
甲：新村部，新容颜，
乙：四合院子耀眼观，
丙：会议室，大又宽，
丁：开会学习真方便。
（过板）
甲：幼儿园，新开办，
乙：这个事儿真新鲜，
丙：小小娃娃进了园，
丁：家长人人心放宽。
（过板）
甲：长城学校新招标，
乙：教学大楼建得高，
丙：两免一补政策保，
丁：教学质量抓得好。
（过板）
甲：长城街道长又宽，
乙：街面整洁贴新砖，
丙：个体户，排两边，
丁：农贸市场生意欢。
（过板）
甲：沙石路，平又宽，
乙：机动车辆跑得欢，
丙：公交车，有班点，
丁：进城办事真方便。
（过板）
甲：十亩涝坝大又圆，
乙：蓄水来把林果灌，
丙：杏儿、李子大又甜，
丁：每亩能变几千元。
（过板）
甲：蘑菇棚，三十多，
乙：种出的蘑菇白如雪，
丙：质量优，牌子响，
丁：产品销售到香港。
（过板）
甲：高铁塔，名叫啥，
乙：名字就叫移动塔，
丙：要它能干啥，
丁：能打手机接电话。
（过板）
甲：计划生育要抓紧，
乙：社会负担能减轻，
丙：合理间隔不要忙，
丁：生男生女都一样。

（过板）
甲：合作医疗有了钱，
乙：解决群众看病难，
丙：你主动，我争先，
丁：齐心协力都来办。
（过板）
甲：长城支部是个先进班，
乙：支部书记是典范，
丙：辛苦工作十几年，
丁：他是个廉洁奉公的好党员。

（过板）
甲：他的事迹人人夸，
乙：自治区会上戴红花
丙：先进事迹见了报，
丁：宁夏新闻常报道。
（过板）
甲：新鲜的事儿千千万，
乙：三言两语说不完，
丙：节目到此告一段，
丁：谢谢大家来观看，来观看。

道情：歌颂新时代[①]

赵王辅

十九大精神喜讯传
不忘初心谱新篇
安排新时代五十年
把社会主义现代化强国建

各级领导转观念
一心为民谋发展
惠民政策送温暖
民生实事件件办

脱贫攻坚决胜战
中央地方齐参战
精准扶贫走在前
脱贫政策全兑现

普法教育常学习
法律常识要牢记
遵纪守法强意识
弘扬正气树旗帜

民风建设少不了
移风易俗要倡导
革除陋习民风好
好人好事增多了

自强不息做奉献
见义勇为是典范
拾金不昧受人赞
尊老爱幼美名传

① 该作品创作于2018年。

金山银山人喜欢
不如绿水和青山
碧水蓝天花烂漫
绿色村庄换新颜

环境卫生有人管
垃圾入箱有地点
保护环境大自然
风调雨顺空气鲜

山清水秀新家园
一片美景展眼前
庭院经济效益显
产业带动一大片

家家户户有果园
红梅杏子大又甜
吸引游客来参观
每亩收入过万元

旅游产业势头喜
领袖诗词诞生地
战国秦长城千年余
农家乐生意美滋滋

政府投资建新院
配套设施都齐全
文化广场氛围好
全民健康做引导

男女老少学舞蹈
社火小戏加秦腔
文艺活动有品样
人人心中喜洋洋

农村人的风尚美
农村人的村庄美
农村人的环境美
农村人的田园美

家乡的面貌美如画
家乡的生活实可夸
感恩社会感恩党
万众一心奔小康　奔小康

三句半：说长城村

蔺怀文[①]

党委今天庆新春，
哥几（个）借机夸长城，
推广长城势必行，
——形势需要。
先说咱的村委会，
领导搭配搞的美，

① 蔺怀文，蔺塬组村民，擅长编写三句半，该作品创作于2008年。

设施与修建相映对，
——面目一新。
免公粮、免杂税，
不收百姓其他费，
服务精神真可贵，
——难能可贵。
通电通水都不算，
公路通车有班点，
田间小路真方便，
——畅通无阻。
又推地、又引水，
粮食产量翻几倍，
高产作物排成队，
——自给自足。
绿化荒山成绩大，
流域治理不浮夸，
生态环境顶呱呱，
——山清水秀。
每逢有集（是）牛羊滩，
客商开车往来窜，
中介的牙子嚷得欢，
——东拉西扯。
个体商贩生意忙，
手工艺品真风光，
俊男、美女穿戴洋，
——风光迷人。
蘑菇棚、大涝坝，
滴水灌溉没麻达，
经济林带开红花，
——致富有望。
义务教育搞得好，
两免一补政策保，
教学大楼设计妙，
——教育优先。
手机摩托和彩电，
洗衣机、电风扇，
衣食住行讲条件，
——齐奔小康。
剩余劳力没有闲，
见世面、又挣钱，
先进思想带（回）家园，
——劳务产业。
幼儿入园有保障，
赡仰老人争风光，
家庭和睦奔小康，
——尊老爱幼。
争项目、有计划，
种萝卜、种红花，
烤烟洋芋一齐抓，
——前途无限。
文化生活最喜人，
文艺演出有精神，
唱秦腔、演小品，
——古今奇观。
好事千千万，
一时说不完，
到此告一段，
——谢谢，再见！

长城塬之冬（2019 年） 张俊仓 摄

人物

生活在长城塬这片土地上的人们，崇文尚礼，耕读传家。虽未涌现出誉满全国的名人，但依旧有无数善良质朴、勤劳苦干的乡间“名人”，他们尊师重教，崇文尚学，向善向上，低调内敛，见贤思齐，受到村民的敬重称赞。在他们的影响下，长城村村民传承红色基因，弘扬优秀东山文化，迈进新时代，共圆中国梦。

人物传略

乔生魁（1896—1965） 汉族，长城村乔渠组人。1935 年 10 月 8 日，毛泽东率领中央红军长征到乔家渠，只有十几户人家的小山村，一时热闹非凡，战国秦长城墙根、打麦场、废弃庄院等地顿时住满了红军。受红军抗日救国主张宣传和亲民爱民行为的感染，乔生魁把红军当亲人，要让红军有处住、有饭吃、有水喝。北方深秋夜晚寒冷，他腾出家中全部 9 孔窑洞供红军居住，把麦草铺在窑内、院子里让红军取暖。院里只有一口井，他毫不犹豫让给红军饮用，井水打完，他安排儿子赶着毛驴到沟里驮水。沟里水用完，他又安排儿子去 5 千米外的小河里驮水。乔生魁妻子吴氏把刚从娘家带回的羊腿，做成羊肉床子面，儿媳妇煮洋芋、自己烧水泡地椒茶，全家人都为红军忙前忙后。20 世纪 60 年代，毛泽东像章大量发行，乔生魁妻子才发现当年住在自家的红军里有毛主席，全家人无比高兴。1976 年 11 月，毛泽东警卫员陈昌奉重走长征路，确认了这一事实。彭阳建县后，县委政府修复乔家渠毛泽东长征宿营地旧址，并布展免费对外开放。2018 年，该旧址被确定为自治区级文物保护单位，成为固原市重点革命传统教育基地。乔家三代人义务讲了红军的故事 80 多年，乔生魁孙子乔得雄表示要一直讲下去。

赵维新（1895—1947） 汉族，长城村乔渠组人。1935 年，中央红军长征过长城塬赵山畔。红军未到之前，国民党反动派到处散播“红军所到之处，烧杀掠抢，无恶不作”的谣言，企图孤立红军，这使赵维新一家人心里十分不安。红军到来后，赵维新看到红军宁可露宿野外、喝涝坝水、吃连皮带泥的洋芋，也不随便进入村民庄院，更不拿群众一针一线。红军的一举一动使国民党反动派的反动宣传不攻自破。赵维新被红军仁义之师的形象深深感动，对红军北上抗日，救国救民的主张深信不疑，主动腾出自家窑洞给红军居住，安排家人赶着两匹骡马和其他村民一起给红军驮水。他说服家人，留够一年的口粮，把省吃俭用多年积攒的 5 万斤小麦和秋杂粮、200 多只羊、20 多匹（头）马牛驴、0. 5 万斤洋芋等捐借给红军，红军按市论价，付钱打欠条。这批粮食是中央红军翻越六盘山后获得的第一次较大补给，为红军胜利到达陕北做出了贡献。

乔良栋（1899—1984） 汉族，长城村乔洼组人。幼时就读于平凉私塾。曾任国民党固原县东区区长，被庄头村民推举为花园子私塾学董，筹措办学经费，管理校务。张安仁、余智珂、甄占厚、崔俊德先后任教，杨福翰、曹士魁、朱耀文、蔺守成、祁珪章、曹士孝等曾就读于该私塾。他为启迪民智育化桑梓，传播文明新风，做出了贡献。1937 年 2 月至 7 月，执行援西任务的红二十八军驻彭阳，正值国共第二次合作期间，他带头捐粮 200 多千克，号召长城塬村民募捐粮食 2000 多千克，腾出自家一孔窑封存，组织群众磨成面粉，按照红二十八军民运科长张国生安排，由李平安等村民赶驴送到军营。

崔俊良（1922—2006） 汉族，长城村白庙组人。幼时在白马庙读私塾。1951 年 11 月加入中国共产党，是长城村解放后首批党员。1951 年 12 月至 1957 年 3 月，任城阳区（六区）阳洼乡（三乡，今白阳镇境内）乡长；1958 年 3 月至 10 月，任新民（先驻濞沱后迁到小寺）乡乡长；1958 年 10 月至 12 月，任新民人民公社管委会主任，后被错误处理，党的十一届三中全会后平反恢复工作；1984 年 4 月退休。崔俊良生在旧社会，饱尝生活艰辛。新旧社会的对比，使他从骨子里感恩共产党，感恩社会主义制度，倍加珍惜解放后人民当家做主，有地种、有饭吃、有衣穿的幸福生活。他思想进步很快，光荣地加入了中国共产党，成长为一名基层领导干部。即使身处逆境，他对党的忠诚没有变，永远保持共产党人本色，时时处处起带头、做表率，积极参加生产劳动。

白占魁（1923—2019） 汉族，长城村乔洼组人。1949 年 4 月加入中国共产党。1935 年 10 月至 1937 年 7 月，红军在长城塬开展革命活动时，他深受影响，看到希望，毅然投身革命，带头捐粮捐物支援驻地红军。解放战争时期，他受地下党组织负责人董贤明、白银邦、梁天仁等指派，装扮成货郎担，经常往来边区，搜集、传递情报，夜晚在集市张贴标语、散发传单，向驻边区解放军部队提供情报，并帮助部队俘获城阳乡公所自卫队 100 余人，有效打击国民党乡保人员抓兵要款、横行乡里、欺压百姓的嚣张气焰，深得群众拥护。解放前夕，在党的领导下，他向群众宣传解放军在西北战场取得的伟大胜利，鼓舞群众斗争到底的信心和勇气，组织发动群众慰劳参加任山河战斗的解放军指战员，并为解放军送开水、送干粮、运粮草、抬担架、带路等。鉴于他的一贯表现，刘塬地下党支部党员杨生文介绍他加入地下党组织。解放后，他历任陈坪乡乡长、城阳区委副书记、何岘乡书记、张易公社社长、沟口公社党委书记、红河公社党委书记、彭阳区委书记区长等职，1981 年 3 月离休。

张彦禄（1926—2009） 汉族，小学文化程度，长城村花园组人。1956 年加入中国共产党，是长城高级社首任社长。历任初级社、高级社社长，人民公社社长、革委会主任等职。他勤奋好学，记忆力强，善于用打油诗、顺口溜记事抒情，讴歌幸福美好新生活，表达对党、对新中国、对社会主义的无比热爱。他的作品为研究当时社会的诸多方面提供了弥足珍贵的资料。他为官清廉，参加工作时背着一个木箱出门，退休后依然背着那个木箱回到老家，无存款、无房子，还住在参加工作前的窑洞，直至离世。1980年，他退休回到长城村养老，继续牵挂困难群众，他认为群众生产生活困难是自己工作没做好，帮助他们是自己的责任，因此经常拿出退休金帮助困难群众渡过难关，资助失学儿童入学。他去世后，时任宁夏回族自治区政协主席马思忠题赠“党的好干部，人民群众的贴心人”匾额。

邓步英（1927—2013） 汉族，小学文化程度，长城村白庙组人。出身贫苦农家，1956年10月加入中国共产党。历任长城初级社委员、高级社副社长、大队党支部书记，1962年任城阳公社民政干事，1972年因妻子瘫痪辞职回原籍务农。他是长城村（高级社、生产大队）首任党支部书记，任职期间经历初级社转高级社，高级社转生产大队。他任长城村党支部书记时，全社1370户6000多口人，大部分生活困难。为解决群众吃饭问题，他大胆探索，敢行敢试，冲破阻力，推行“坚持土地、耕畜、大型农具等生产资料归高级社集体所有，劳动力、土地、耕畜、农具固定给生产队使用，包工、包产、包成本，超产奖励”的“一坚持四固定三包一奖”制度，极大地调动群众生产积极性，稳定解决群众吃饭问题。高级社还创办铁活铺、木活铺、油坊等，方便群众生产生活。他为人正派，处事公道，工作成绩突出，1961年被破格录用为脱产干部。他坚持真理，只唯实，勇于替群众说真话，深受群众拥戴。

蔺守成（1928—2014） 汉族，长城村蔺塬组人。1960年4月加入中国共产党，庆阳师范学校中专毕业，是长城村解放后首批进入人民政府工作的干部。1949年至1955年，先后任镇原县冯俭乡人民政府文书、团支部书记、花园子小校教师。1960年至1990年，先后担任崾岘小学、城阳小学、彭阳小学、小岔中学校长和彭阳一中工会主席。1950年，被选为甘肃省镇原县各界人民代表大会代表。1984年，被选为彭阳县首届人民代表大会代表。任政协彭阳县第一、第二届委员。他为人和善，处事公道，善于凝聚人心，形成合力，出色完成一个个工作任务，多次被授予先进工作者、优秀教师、优秀党员、“五一”劳模等殊誉，受区地县诸多嘉奖。他忠诚党的教育事业，终生从教，桃李满天下。他酷爱书法，坚持毛笔书法习作60余年，作品多次参加全国及区市县比赛并获奖。

祁珪章（1934—1994） 汉族，长城村白庙组人。1957年加入中国共产党，小学高级教师，固原师范毕业。先后在花园子私塾、花园初小、镇原县中学、固原师范读书。在韩寨小学任教，后依次在彭堡小学、红庄中学、长城小学、草庙中学、彭阳中学（任副校长）、长城中学任教并担任校长。祁珪章从教 40 载，师德高尚，教风严谨，长于国学，精通礼俗。受其影响，祖孙三代忠诚党的教育事业，坚守三尺讲台，辛勤耕耘，默默奉献，使一大批农家子弟，通过其传道授业解惑，改变命运，奉献社会，桃李芬芳，在长城塬传为佳话。长子祁正，小学高级教师，从教 40 年，2015 年退休。1981 年在刘塬中学任教并担任校长，所带毕业班在全县统考获得第一名。孙媳王蕾蕾，宁夏师范学院音乐教育专业本科毕业，现在中卫市第三小学任教，2018 年，获中卫市优质课二等奖。

张俊才（1944—2015） 汉族，长城村花园组人。1978 年加入中国共产党。1964 年，考入宁夏大学农学专业，高级职称。他是长城村首名大学本科毕业生，是农家子弟发奋苦读，用知识改变命运的榜样，曾影响几代长城塬青少年追求知识，拼搏进取，奉献社会。曾任自治区农牧厅乡镇企业培训中心主任，著有《地膜覆盖栽培技术》等专著。他把论文写在黄土地上，常年奔波农村，和农民土地打交道，研究、试验、推广农业新技术，是他人生的全部，培育出多个小麦高产新品种，在全区推广，为解决群众温饱做出了应有的贡献。20 世纪 80 年代，他从日本引进黑色地膜种植技术，在长城塬试验成功并在全区推广；在红河乡（今红河镇）红河村试种枸杞，获得成功；在城阳乡沟圈村试种茶树，未获成功，但探索了路子。他是国内知名农技专家、宁夏首批享受国务院特殊津贴专家，获得宁夏回族自治区成立 20 周年“突出贡献人才三等奖”。

人物表录

长城村解放前中共党员表录

表 3

序号	姓名	性别	民族	生卒年	籍贯	简介
1	赵正富	男	汉	1917.11—1994.5	叶寨	1948 年 2 月 2 日由杨作栋介绍加入中国共产党
2	赵得贵	男	汉	生卒不详	赵岭	1948 年 2 月 3 日由杨作栋介绍加入中国共产党
3	甄占厚	男	汉	1918.12—1969.2	赵岭	1948 年由甄攀荣、杨作栋介绍加入中国共产党。曾任固原县城阳区（六区）上洼乡（二乡）乡长等职。1963 年响应精简号召辞职到王洼赵沟定居务农
4	祁克孝	男	汉	1905.2—1970.4	花园	1949 年 2 月 15 日由杨生文介绍加入中国共产党。曾任固原县城阳区阳洼乡（三乡）农会主任、副乡长；孟塬区（十四区）米塬乡乡长。1957 年 7 月响应干部家属回乡劳动号召，辞职回家务农

续表 3

序号	姓名	性别	民族	生卒年	籍贯	简介
5	白占魁	男	汉	1923.1—2019.10	乔洼	参见本志“人物·人物传略·白占魁”
6	瓮治安	男	汉	1920.10—2000.10	叶寨	1949 年 7 月 1 日由赵正富介绍加入中国共产党
7	赵得库	男	汉	1910.12—1983.12	赵岭	1949 年 7 月 17 日由甄攀贵介绍加入中国共产党

长城村孝老爱亲模范家庭表录

表 4

序号	姓名	性别	民族	生卒年	籍贯	事迹
1	祁克勤	男	汉	1889—1938	乔洼	说话和气、走路轻声养成习惯，每顿给父母双手接饭，每晚给父母请安、陪父母说话，形成习惯，代代相传。尊老爱幼、和善处事、勤劳俭朴的家庭养成已固化成良好家风。以孝立家、以孝兴家、以孝治家，在当地有口皆碑
2	瓮海清	男	汉	1904.2—2001.7	乔渠	世代秉承传统美德，注重言传身教。子孝孙贤，夫妻恩爱，一家人和和睦睦，其乐融融，在乡间传为佳话，树起文明家庭榜样。2019 年 5 月 24 日，其孙子瓮国强一家被评为全区“最美家庭”
3	祁彦杰	男	汉	1908—1957	白庙	注重以自己的言行举止影响教育子女干好事、务好本、读好书、做好人。忠孝传家、苦读强家、和睦兴家、勤俭持家、严慈治家、德信立家的良好家风，内化于心，外化于行，世代相传，声名远扬
4	赵显	男	汉	1970.5—	叶寨	全家 7 口人，80 多岁的母亲多病，妻子患小儿麻痹重度残疾，4 个孩子正在上学，自己视力残疾，生活并不富裕。但他多方筹措 50 万元，为弟弟建房娶妻，成为美谈
5	虎克芳	女	汉	1971.7—	蔺塬	2009 年 10 月，娘家大侄女因心肌炎去世。2010 年 3 月，侄女婿车祸去世。家中留下了侄女的公公和三个未成年的孩子，幼女还不到半岁。孩子爷爷带着 2 个姐姐在县城读书。她把幼女领回照顾，供帮念书
6	张永莲	女	汉	1973.5—	叶寨	1993 年结婚后，丈夫常年在外地打工，她一人侍奉公婆、养育儿女、操持家务。2014 年，公公患脑梗瘫痪，吃喝拉撒全在炕上，给公公翻身擦洗，买新鲜蔬菜、肉食调理膳食。2018 年，婆婆腰疼难以下床，她一人伺候两位生病老人，直到婆婆去世，村民夸她是“好儿媳”
7	贾芳华	女	汉	1978.1—	蔺塬	她堂兄李会明智力残疾、堂嫂董长花肢体残疾，还有一个上小学的侄子，家庭极度困难。十年来，她无偿帮助照顾堂兄一家人生产生活，传为佳话
8	陈秀	女	汉	1979.10—	山庄	丈夫常年外出打工，她挑起家庭重担，照顾患病的孩子、侍奉年迈的婆婆，安顿好家里的同时抽空在菌草园区务工挣钱，补贴家用，邻里乡亲夸她是个贤惠孝顺的好媳妇
9	庞鸿敏	男	汉	1982.4—	蔺塬	十几年如一日悉心照料年迈多病母亲，生活再艰难，从未向政府伸手要过一分钱，母亲看病吃药从未间断。他孝亲敬老、自强自立，深受称赞

长城村技艺人物表录

表 5

序号	姓名	性别	民族	生卒年	籍贯	类别	技艺
1	曹士孝	男	汉	1941.12—	花园	书法	退休教师，酷爱诗词歌赋，擅长书法艺术，精通民俗礼仪。从事中学语文教学 30 余年，毛笔行书、粉笔隶书，深得同行好评，引得师生追捧临仿
2	蔺青春	男	汉	1944.10—	蔺塬	书法	退休干部，酷爱书法艺术，擅长毛笔小楷，书法作品多次参赛获奖
3	瓮金鼎	男	汉	1948.12—	乔渠	根雕	退休教师，数十年潜心钻研根雕、麦秆画、乐器、纸贴画等艺术。根雕代表作有茶台《两岸同根》，摆件《孔雀开屏》等。自费为白马庙塑白马 1 匹、飞鹤 2 只。事迹被各级媒体报道，作品数次获奖，被称为“长城塬上的根雕艺术家”。善板胡、扬琴演奏，是秦艺团骨干成员。创办“瓮金鼎文化大院”，免费培训乡土人才。根雕技艺传村民高宝山
4	杨虎升	男	汉	1952.4—	叶寨	根雕	师承杨世堂，创作根雕作品近百件，代表作有《二龙戏珠》《猛兽登高》《百鸟朝凤》等，多次参展获奖
5	张俊仓	男	汉	1958.12—	花园	摄影	退休教师，宁夏摄影家协会会员。作品《农民的喜悦》获最美中国笑脸优秀奖；《花海梯田入画来》获首届宁夏彭阳多彩梯田入展奖
6	韩有花	女	汉	1942.11—	陈庄	刺绣	自学剪纸技艺，擅长刺绣窗花、枕头花、鞋垫花等，还会做纸活，将刺绣技艺传长子袁志忠
7	韩志莲	女	汉	1969.10—	叶寨	刺绣 秦腔	自学刺绣、剪纸、编织，在长城村街道开手工艺作坊，枕头、鞋垫、婚鞋等刺绣作品美观精致，供不应求。爱好秦腔表演，是秦艺团骨干成员
8	瓮国胜	男	汉	1970.2—	乔渠	麦秆画	自学麦秆画技艺多年，代表作有《梅兰竹菊》《丰收》《秋趣》《枇杷山雀》《执着》《春馨》等，曾参加多次展出，得到好评
9	李万邦	男	汉	1919.1— 1982.8	叶寨	礼宾 春官 木活	塬上最有名的“春官”之一，徒弟杨巨邦，儿子李培升、孙子李君三代“春官”先生，他们常受邀到邻近村镇指导社火表演
10	李炳焕	男	汉	1923.8— 1974.11	陈庄	礼宾	民国时任保长，精通民俗礼仪，同庞世俊、曹炳让师承今城阳乡城阳村马塬组王兆琦。在长城村很有影响。师传朱联芳、李炳德、王志原、庞鸿仓、朱耀武、韩儒魁、祁孝魁、徐文凡、白银仓，再传庞会、朱耀文、袁志忠、刘世贵
11	赵维儒	男	汉	1926.5— 2010.7	叶寨	礼宾 皮活	城阳中山国民小学毕业，民国时期曾在乡公所当文书，熟知传统礼仪。擅长做皮袄，手艺精湛
12	蔺金荣	男	汉	1936.12—	蔺塬	礼宾	退休教师，熟悉民俗礼仪，为乡邻从事各种礼仪服务
13	赵得让	男	汉	1937— 2017	叶寨	礼宾	熟知传统礼仪风俗，服务民间儒事
14	李世学	男	汉	1945.3—	陈庄	春官	近年任长城村社火队“春官”。春官词积极向上、健康诙谐
15	李世珍	男	汉	1936.9— 2017.8	赵岭	裁缝	自学裁缝手艺，擅长缝制皮袄、大衣等。能量体裁衣，省布、省工、美观大方，他做的衣服成为村民走亲访友的礼服

续表 5

序号	姓名	性别	民族	生卒年	籍贯	类别	技艺
16	杨治元	男	汉	1924—2014.3	叶寨	乐器 秦腔	擅长拉板胡，唱旦角，师承“杨胆大”，长城村有名的秦腔世家。兄弟杨巨珍 85 岁，秦艺团最长者。侄儿杨贤升、杨天升、杨清升、杨明升技艺最为突出
17	崔俊贤	男	汉	1934.9—1991.2	白庙	乐器	退伍军人，自幼爱好秦腔演唱及胡琴演奏，擅长拉板胡、吹笛子
18	曹建军	男	汉	1944.8—	陈庄	秦腔	秦艺团骨干成员，跟随剧团经常外出表演，擅长生旦净丑各种角色
19	白占祥	男	汉	1951.4—	乔洼	乐器	曾任长城村党支部书记、城阳乡敬老院院长，擅长拉板胡，唱秦腔，为长城秦艺团骨干成员
20	曹永刚	男	汉	1971.2—	陈庄	乐器	爱好乐器演奏，擅长唢呐，将唢呐技艺传给村民陈刚、王治科
21	乔凤英	女	汉	1918.8—2009	蔺塬	艾灸	跟母亲（乔生魁妻子）学习艾灸技艺，擅长诊治妇科杂症、婴儿涨泄等，将技艺传儿媳黄建芳（蔺聪荣妻子）
22	米凤英	女	汉	1924.5—1996.10	花园	艾灸	1960 年参加城阳公社举办的艾灸技能培训，后在长城村为婴儿艾灸，将技艺传给儿媳米艳梅
23	庞巧华	女	汉	1943.7—	陈庄	艾灸	艾灸师从娘家奶奶，主要诊治关节炎、风湿、妇科病和婴儿拉肚子等
24	白占才	男	汉	1944.4—	乔洼	村医	赤脚医生，曾被长城村聘请为村医。服务热情周到，深受患者好评
25	祁家禄	男	汉	1945.8—2000.10	乔洼	村医	1969 年师从原国民党军医王乾山，学习中医知识，后被聘为村医，从不收取诊断费，为村民治病达 30 年之久。诊疗经验丰富，服务态度良好、有口皆碑
26	乔得让	男	汉	1945.11—	乔渠	村医	1968 年参加城阳公社举办的预防接种培训，后开展预防接种服务，擅长诊治风寒等常见疾病
27	袁治奎	男	汉	1914.3—1993.12	陈庄	厨师	曾在白马庙集市开食堂，为庄间红白事掌厨，擅长民间各种宴席。将技艺传杨亚玲、牛占兰，再传袁志兴、袁士勇
28	祁德山	男	汉	1921.12—2009.9	花园	厨师	精通各种宴席、献饭，为各种红白事掌厨
29	蔺聪荣	男	汉	1947.2—	蔺塬	乐器 秦腔 铁活	扮演大净、老生，表演多次获奖，是秦艺团骨干。擅长板胡、二胡、大提琴等。铁活技艺师从李万德、李耀庭、王宇军，将铁活技艺传二子蔺怀武
30	周华荣	男	汉	1948.3—	陈庄	铁活	退休工人，在长城村街道开办铁活电焊铺，将铁技艺传儿子曹金城
31	景昌宗	男	汉	1904.2—1980.12	白庙	土活	自学土活技艺，擅长箍窑洞，以坚固耐用著称，人称“景土匠”
32	杨玉邦	男	汉	1905.1—1974.11	花园	木活	师承陕西谭师，可制作各式木质家具、生产生活用品，将技艺传白万祥，再传白俊仓
33	李永杰	男	汉	1910.5—1969.1	叶寨	乐器 秦腔 木活	擅长拉板胡、打鼓、唱秦腔。自学木活技艺，可制作各种木质家具。擅长制作木犁、耕头、叉把等农具。能根据原材料形状制作，省工、省料，轻巧、结实、耐用，深受村民欢迎
34	乔逢原	男	汉	1912.2—1983.6	乔渠	木活 钉锅	自学木活、钉锅技艺。20 世纪 50 年代开始做木活，可制作各种木质家具农具，将技艺传给儿子乔德亮

续表 5

序号	姓名	性别	民族	生卒年	籍贯	类别	技艺
35	张彦祥	男	汉	1932.9—1989.3	花园	皮活	张李家第三代皮活技艺传人，手艺又传给弟弟李彦德。爷爷李军（原籍陕西岐山人）为第一代皮匠，叔父张治李为第二代传人
36	曹士魁	男	汉	1934.2—2014.9	花园	木活	自学木工手艺，精通农具制作、木器雕刻，有“曹鲁班”美称。将技艺传李文福、赵得良、吴国山（白阳镇白岔组），再传袁士高，又传袁志斌、李金龙
37	赵敏智	男	汉	1936—1994	乔渠	木活	自学各种木活土活技艺，擅长箍窑，制作各式家具
38	陈好发	男	汉	1939—	花园	木活 乐器	1957年自学木活技艺。又自学板胡、二胡、笛子等乐器，为秦艺团骨干成员。将木活技艺传给侄子
39	庞世杰	男	汉	1942—2000	蔺塬	木活	自学木活兼瓦工技艺，擅长建房。所建房屋符合黄金比例，美观大方，结构合理。将技艺传李玉瑞
40	陈　强	男	汉	1970.1—	陈庄	木活	1982年跟随城阳乡城阳村余建明学习木活技艺，擅长盖房、制作桌椅板凳等
41	赵德清	男	汉	1935.11—	赵岭	皮活 编织	擅长做皮袄，编织筛子、大笼，技艺精湛
42	杨巨安	男	汉	1905—1989	叶寨	包油	在最初和本组李荣帮经营叶寨油坊，精通包油技艺，杨、李两家两代包油，直到20世纪80年代
43	赵久思	男	汉	不详	乔渠	包油	在自家油坊自学土包油技艺，将该技艺传儿子赵维壁，再传孙子赵敏福。被称“包油头”。1958年油坊交由生产队经营。关闭后，榨油梁捐给学校做桌椅板凳
44	袁士录	男	汉	1958.3—	陈庄	编织 土活	自学竹编织技艺，擅长编笊篱、筛子、背篓、笼担等生产生活用品，还会做土活抹窑洞腻子等
45	甄发荣	男	汉	1844—1919	赵岭	石活	甄氏石匠第一人，曾带100多人，为董府凿石立碑，被董府授六品军功。技艺传甄治祥，再传甄占库，又传甄彦儒，还传甄吉良
46	赵文坤	男	汉	1955—	乔渠	毡活	师承今城阳乡涝池村朱耀武，会擀制毡甲、毡袜、毡袄等，称“赵毡匠”
47	冯　俊	男	汉	1922.4—1994.4	蔺塬	做蒸笼	原籍陕西凤翔县人，逃难到平凉学习编笼技艺，后以货郎为生，置地落户蔺塬，师传蔺树荣、庞世仁等
48	孟思梅	女	汉	1923.9—2007.1	陈庄	编织	自学编织手艺，擅长用高粱秆、麦秆编织锅盖、笼屉等，将编织手艺传妯娌韩存英
49	蔺发荣	男	汉	1926.3—1999.3	蔺塬	编织 秦腔 乐器	擅长秦腔表演，喜欢拉板胡演奏，善于编织农具等。传长子蔺怀章柳编，三子蔺怀瑞秦腔表演、拉板胡，且为秦艺团骨干成员

大事纪略

历史长河绵延不绝，旧石器时代人类在此繁衍生息，秦昭襄王筑长城以御胡，陕甘支队长征过长城塬留下伟大的长征精神，长城塬引水灌溉兼人畜饮水工程实施解决旱塬用水困难。新时代长城村民和全国人民一道奔小康，为实现中华民族伟大复兴中国梦继续努力，长城村的故事还在继续……

◉ 秦昭襄王三十五年境内“筑长城以拒胡”

秦昭襄王三十五年（前272），《史记·匈奴列传》：“秦昭王时，义渠戎王与宣太后乱，有二子。宣太后诈而杀义渠戎王于甘泉（今陕西淳化县），遂起兵伐残义渠。于是秦有陇西（治今甘肃临洮县）、北地（治所秦初在今甘肃庆阳市西南，西汉在今庆阳市环县东南马岭镇，东汉在今吴忠市西南。彭阳境最早的县——朝那县此时设立）、上郡（治今陕西榆林市），筑长城以拒胡。”这里的长城就是指横穿长城村境的战国秦长城。该长城西起甘肃临洮县，东止内蒙古托克托县，总长约2000千米。在彭阳境自西向东经古城镇、白阳镇、城阳乡、孟塬乡共10村全长62千米。

◉ 班彪沿茹河古道登战国秦长城吊孙卬

东汉时期，著名史学家、文学家班彪，驱车从长安出发，经甘泉宫、义渠国都城，沿茹河古道向安定郡（治今宁夏固原市）出发。途经安定郡朝那县（治今彭阳县）境时，沿途观赏蜿蜒曲折的战国秦长城，登上长城墩眺望，凭吊公元前166年与匈奴交战中战死的北地郡都尉孙卬。

◉ 1935年毛泽东翻越六盘山登上长城塬写下《长征谣》

1935年10月7日，毛泽东率领中央红军陕甘支队长征翻越通往陕北的最后一道天堑六盘山，入彭阳境，行军3天2夜，经历大小战斗5次，遭遇3次国民党飞机轰炸。在彭阳境组建中央红军第一支骑兵侦察连；红军伤病员谢正才在彭阳境发展了固原第一名中共党员赵正明，播下革命火种。8日下午，红军分两路从白杨城（今彭阳县城）出发，毛泽东随一纵队沿战国秦长城登上长城塬，夜宿乔家渠乔生魁家窑洞，写下《长征谣》，后改为著名词篇《清平乐·六盘山》。

◉ 1958 年甘肃省花园子与宁夏回族自治区陈坪“飞地”兑换

1958 年 10 月，甘肃省镇原县郭塬公社张岘子大队将花园子、蔺塬等 4 个生产大队（今属长城村）67 户 511 人、耕地 408 公顷“飞地”与宁夏回族自治区固原县城阳公社陈坪大队 213 户 1303 人、耕地 408 公顷“飞地”兑换。

◉ 2002 年长城塬引水灌溉兼人畜饮水工程竣工

2002 年 11 月 20 日，自治区“九五”重点水利工程之一，长城塬引水灌溉兼人畜饮水工程（简称长饮工程）竣工通水。2004 年 3 月 12 日，该工程通过区级验收，为优良工程。该工程总投资 6680 万元，分两期完成。一期水源工程石头崾岘水库于 1998 年 10 月开工，2000 年 10 月完成；二期引水工程于 2000 年 8 月开工，2002 年 10 月完成。二期工程建泵站 2 座，净扬程 217.9 米，建一、二泵站 35 千伏变电所一所、引水干渠 19.9 千米，含渡槽 3 座 552 米、隧洞 12 座 3948 米，建净扬程 92.9 米泵站 1 座，其他建筑 88 处。该工程的投入使用，使长城塬 4.16 万亩农田灌溉有了保障，其中自流灌溉 8600 亩，并使 4 个乡 13 个行政村 131 个自然村 2.13 万人、0.76 万头大家畜和 2.1 万只猪（羊）饮水问题得以解决。工程因结构复杂、工序繁多，种类施工技术和难度几乎涉及水利工程所有项目，被专家称为“宁夏水利博物馆”。

◉ 2002 年长城塬移民搬迁工程启动

2002 年 6 月，国家异地扶贫移民开发试点项目长城塬移民搬迁工程启动。该工程旨在充分发挥长饮工程效益，盘活现有土地资源，集约节约开发平整利用土地，使自然条件严酷、自然资源贫乏、生态环境恶化的贫困群众，稳定脱贫致富，改善恢复迁出区生态环境。开工在长城塬建设白庙、花园、涝池 3 个居民点，搬迁县内 500 户 2486 人。

工程投资 1375 万元，项目投资标准原则上按人均 3500 ~ 4000 元安排，其中文、教、卫、水、电、路等基础设施建设标准为人均 2500 ~ 3000 元，移民建房补助标准为人均 1000 元。此外，人均无偿就近划拨 1 亩水浇地，承包耕种。

◉ 2005 年长城村被评为全国文明创建先进村

2005 年 10 月，长城村在促进经济社会全面进步和人的全面发展，推进社会主义物质文明、政治文明、精神文明建设和社会主义和谐社会建设中作出了优异成绩，发挥了重要作用，被中央精神文明建设指导委员会评为全国创建文明村镇工作先进村。

◉ 2010 年《长城塬上长城村》出版发行

2010 年 7 月，由宁夏大学教授孙振玉、中国社会科学院中国边疆史地研究中心教授于逢春主持，4 名青年教师、1 名本科生、9 名硕士研究生、1 名博士研究生组成的“百村调查”宁夏项目组，从 2007 年暑假至 2009 年 5 月底，以民族社会学入村入户调研为主，一般共性调查与专题访问调查相结合的方法，深入村庄调查走访，完成《长城塬上长城村——宁夏彭阳县城阳乡长城村白庙组调查报告》，由社会科学文献出版社出版发行。

◉ 2012 年长城塬列为国家级水利风景区

2012 年 7 月 4 日，长城塬水利风景区通过自治区专家组评审。6 日，该风景区通过水利部水利风景评审委员会专家组考察评审，列为国家级水利风景区。该风景区东至长城村，南至白阳镇罗堡村，西至白阳镇阳洼村，北至草庙乡曹川村，涉及白阳、草庙、城阳 3 乡镇 8 个村，规划面积 96.3 平方千米，景区内流域治理 93.7%。风景区立足“生态、旅游、休闲、养生”，以“蓝天、青山、花海、梯田”为主要特色，建成绿色阳洼、曹川梯田、白岔花海、长城风情为代表的 4 个重点景观区。

◉ 2018 年长城村入选第五批中国传统村落名录

2018 年 12 月 10 日，长城村因有毛泽东率领陕甘支队长征夜宿乔家渠并写下壮丽词篇《清平乐・六盘山》，有全国重点文物保护单位战国秦长城穿境而过，有不断兴起的菌草、红梅杏产业，有公子扶苏和孟姜女哭长城的美丽传说，有白马庙、古窑洞等人文景观，有珍稀南方树种丝棉木以及活跃到现在的白马庙古集市，有民间根雕、刺绣等非物质文化遗产传承等特色优势，在区市县推荐的基础上，经专家委员会审查，被住房城乡建设部、文化和旅游部、国家文物局、财政部、自然资源部、农业农村部列入第五批中国传统村落名录，是该批宁夏唯一入选村落。

◉ 2019 年长城村被授予“中国最美乡村”荣誉称号

2019 年 12 月 14 日，以“乡村振兴，美丽共享”为主题，由中国宋庆龄基金会、中国农业电影电视中心、海南省人民政府、央视网等共同主办的“2019 美丽乡村博鳌国际峰会”在海南省博鳌亚洲论坛国际会议中心举行。长城村经美丽乡村博鳌国际峰会组委会推荐并严格审核，被授予“中国最美乡村”荣誉称号。

附录

媒体报道

宁夏彭阳蘑菇住“标间”[①]

刘建华　李东梅　丁建峰

从福建“远嫁”到彭阳县城阳乡长城村，13 年间，“蘑菇姑娘们”的住房条件改善了三回。

初到西北，“姑娘们”挤挤挨挨“住”在两间土窑洞里，门口只有一扇破旧的草门帘。两年后，“搬进”了条件稍好些的阳光房。又过了两年，赶上房屋拆迁改造，“举家搬迁”到第三代阴阳棚。2016 年，“姑娘们”集体住进了 360 个规格不等的现代化“标准间”，每个房间里，立式“席梦思”、吊灯、空调、摄像头、喷雾式加湿器……各种新潮设施一应俱全。

“蘑菇姑娘”今天生活的地方，是彭阳县闽宁科技扶贫示范园，也是宁夏最大的蘑菇“生产车间”。平菇、香菇、鸡腿菇、海鲜菇、杏鲍菇、白灵菇、双孢菇、金针菇……在这里，可以找到每一朵蘑菇的前世今生。

温度：14±1℃，湿度：60% ~ 80%，灯光：柔和。

推开智能推拉门，一朵朵菌菇如同暗夜里悄然盛开的“花朵”，一簇一簇、层层叠叠，散发出草木的清香。

“这些菌菇娇贵得很，沾上水就被‘感染了’，所以加湿必须喷雾。你看，房间的屋顶是一层黑纱，就是防止水点滴下来。”园区技术员薛慧莲说。

“土窑洞时代，菌菇们的产量很低，一包菌种只能产出二三两菌菇。随着住房条件的改善，调动了菌菇们的‘工作积极性’，产出效益大大增加，现在一包菌菇的产菌量提高了三倍多。”彭阳县科技技术服务中心主任李万斌说。

临近下午六时，园区内，几个村民正准备下班回家。在这里工作了 11 年，长城村村民韩英玲已经有了“上班族”的气质，米色运动衫、黑色紧身裤、灰色运动鞋，时尚的装扮丝毫看不出已经在园区里忙碌了一天。蘑菇三次“搬家”也改善了村民们的工作条件，韩英玲说：“刚开始也戴着头巾帽子，穿破旧的衣服来干活儿，每天包裹得严严实

---

① 原载《宁夏日报》2017 年 5 月 10 日第 4 版。

实，回到家还是灰头土脸。现在不一样了，早上漂漂亮亮地来，晚上漂漂亮亮地回，一点泥水都没有。”

福建的“蘑菇姑娘”来到宁夏后，被赋予了全新的名字：六盘山珍。每天，有5吨各类鲜菇从车间里下线，奔赴西安、兰州、银川等地的“菜篮子”，年产值达到2000多万元。

13年前，这些来自南方的“姑娘”“远嫁”西北小山村，村民们都当稀奇来窑洞里看热闹。随着产业的不断发展，村民们陆续在菌菇园区里找到了工作，大家才明白，原来，菌菇们的“重任”是为了帮助当地贫困群众脱贫致富。目前，共有600多名村民在园区就业，月均收入近3000元，这些村民当中有一半是建档立卡贫困户。

彭阳红梅杏：脱贫富民的不动产[①]

王玉平

11月5日下午，彭阳县长城塬沉浸在丰收后的安宁中。玉米、荞麦、糜子等秋粮已入仓，马铃薯挖收入窖，万寿菊秸秆回田作肥料……新翻耕的田地一大片接着一大片，整个山塬都显得蓬松舒适起来，就连那绿油油的冬麦田都慵懒闲散。

地闲人不闲。村民蔺占春抓住秋天的尾巴，忙着用挖树坑机械，在自家25亩上好水浇地开挖栽植红梅杏树的坑。“树坑挖好后，我还得用半个月时间回填土，这样才能保墒，明春栽红梅杏成活率高。”栽植25亩红梅杏是蔺占春自己的乡村振兴计划，他想置办一个传家致富的不动产。“我60多岁了，一个人就能轻轻松松地伺候着门前院后10亩大的果园。今年，我家5亩红梅杏卖了近3万元，其他果树也给我产了两三万元，比一个壮劳力一年外出打工挣得还多。所以，我就想把剩余25亩承包地全部栽成红梅杏树，让娃们轻松体面挣钱。”今年红梅杏卖完后，蔺占春就赶着收玉米，赶着腾地翻耕，赶着打树坑，生怕耽误了栽植红梅杏树苗的时节。

而在68岁的蔺怀柱眼中，深秋长城塬最美景色是青紫色红梅杏树园。每一根枝条都瑞气风发，每一个花蕾都孕育着来年丰收。几年前，彭阳县在长城塬大面积发展红梅杏产业，但由于霜冻坐果率不高等原因，一些农民为追求眼前经济效益而挖掉承包地里的红梅杏树种上玉米。蔺怀柱也动过挖树的心思，但在彭阳县林业局工程师韩占良的劝

① 原载《塞上新农村》2017年11月16日第8版。

说下，留下了 20 亩红梅杏树。

在韩占良的指导下，蔺怀柱浇水、施肥、修枝、疏花，像待自己孩子一样呵护着红梅杏树。有付出就有回报。2015 年，蔺怀柱家的红梅杏进入盛果期，每年纯收入都在 15 万元以上。尝到甜头的蔺怀柱把韩占良当成“财神”，今年拜比他小 20 多岁的韩占良为师，专心学习红梅杏修剪技术。“我给你说，这个大枝留下以后，对目前的产量影响不大，等长三四年以后，下部这些枝全部就退化了，树的内膛就没有结果枝组了，结果枝组一外移，杏树的产量就降下来了……”在杏园，蔺怀柱听取韩占良剪树建议，表示明年一定会以壮士断腕的决心剪掉多余的大枝。韩占良说，如果蔺怀柱前两年听他的话，科学修剪红梅杏树，他家的杏园产量更高、口味更佳，“20 亩红梅杏至少可卖 20 万元”。

在韩占良、蔺少刚等彭阳县林业局技术人员引领指导下，彭阳县已有 1 万多亩红梅杏进入盛果期。2017 年产值达 5000 万元，其中电商销售 500 万元，蔺怀柱、祁龙等近 20 户红梅杏规模栽植户年均收入超过 10 万元。

受丰厚收入驱动，彭阳县兴起了栽植红梅杏树脱贫致富的热潮。在广州打拼多年的欧阳涌泽回到城阳乡杨塬村老家，流转 500 亩避风向阳梯田种植红梅杏。“施底肥、撒保水剂、铺地膜、套树袋、浇水等等，我几乎应用了最前沿的栽树技术。把红梅杏树当宝一样伺候着，就是想给自己创一份能有丰厚且稳定收入的家业。”

今年秋季，彭阳县因势利导发展红梅杏。先后筹资 2800 万元，对栽植红梅杏树积极性高的农户进行苗木、整地等补贴，每亩补贴近 1000 元，预计将发展 2 万亩 166 万株红梅杏。

“落实党的十九大报告提出的‘实施乡村振兴战略’，关键在于产业兴旺。彭阳县在绿水青山的底色上，发展红梅杏等果业，形成规模化、高效益的产业，实现生态建设和脱贫富民互促双赢。”彭阳县林业局局长韩志琦说。

◉ “一约四会”制度

长城村认真贯彻落实乡党委、政府“推动移风易俗、树立文明乡风”的安排和要求，紧紧围绕全村实施脱贫攻坚战略，坚持以培育和践行社会主义核心价值观为统领，以“讲道德、守法纪、革陋习、树乡风、强民风”为主题，着力实施思想道德建设、民主法治建设、移风易俗、基层文明创建、文化引领“五大工程”，认真开展高额彩礼、大操大办、诚信缺失、缠访闹访、城乡环境专项整治“五项整治”行动，推动农村移风易俗，营造爱我家庭、建我家乡、美我家园，相亲相爱、向上向善、移风易俗、勤劳致富文明新风尚，使乡风民风、人居环境和文化生活美起来，为打赢脱贫攻坚战，全面建成小康社会营造良好社会风尚。特制定长城村“一约四会”（村规民约、红白理事会、村民议事会、道德评议会、禁赌禁毒会）制度。

村规民约

一、自觉遵守法律、法规，履行公民义务，维护公共秩序，做到爱国、爱家、爱集体。

二、和睦邻里，团结互助。共同维护集体荣誉。做到讲文明、讲礼貌、讲道德、讲秩序。

三、发扬优良传统，崇尚社会新风尚。尽心赡养老人，精心培养子女，婚丧简办，勤俭持家。杜绝“黄、赌、毒”。

四、崇尚科学，反对迷信。积极参加文体活动，认真学习文化知识，提高文化素养，增强身心健康。

五、加强环境治理，美化村容村貌。严禁焚烧秸秆、私搭乱建、盗伐、盗牧等行为，共同建设和谐美丽新长城。

六、重视家庭美德，传承良好家风。注重社会公德，倡导助人为乐，勇于和黑恶势力作斗争。

七、热爱劳动。树立劳动光荣，勤劳致富的观念，消除“等、靠、要”的懒惰思想。

八、发扬民主，尊重组织。严格执行信访条例，严禁无理缠访。

红白理事会

红白理事会制度

为了破除婚丧嫁娶中铺张浪费、愚昧落后的陋习，做到婚事新办、丧事简办，提倡文明、健康、科学的生活方式，根据上级有关规定，结合我村实际，成立村红白理事会，制定本制度。

第一条　村红白理事会在村委会的领导下开展工作，实行自我管理、自我教育、自我服务。

第二条　积极向群众宣传党的方针政策，认真贯彻执行上级政府的政策、法令和规定，引导群众移风易俗，耐心做好群众的思想疏导工作。

第三条　理事会要主动热情地为婚丧事宜做好服务。

（一）操办婚事的具体原则

1. 严格按照《婚姻法》和《婚姻登记条例》有关规定办事，协助婚姻登记部门认真做好婚姻登记和婚嫁服务工作，严禁早婚。

2. 婚事要坚持新事新办，废除陈规陋习，提倡举办集体婚礼或有意义的活动，如义务植树、联欢会等形式，即要气氛热烈，又要文明庄重。

3. 婚姻彩礼总数控制在 6 万元以下；迎娶车队控制在 6 辆以内；宴席控制在 10 桌以内，标准控制在 500 元 / 桌以内；宴席用香烟控制在 15 元以内，酒水控制在 35 元以内；礼金控制在 50 元以内。

（二）操办丧事的具体原则

1. 认真执行中央、区、市有关文件精神，抓好本村内的殡葬管理工作。

2. 坚持从简原则，反对大操大办，实行播放哀乐、鞠躬、默哀、佩戴黑纱等文明健康的丧葬礼仪。

3. 丧葬活动时间控制在 3 天以内；宴席控制在 10 桌以内，标准控制在 500 元 / 桌以内；宴席用香烟每盒控制在 15 元以内，酒水每瓶控制在 35 元以内；礼金控制在 50 元以内。

第四条 理事会实行理事长负责制，对红白事的承办需经理事会讨论决定，并征求事主意见，由会长及成员依照本章程规定组织实施。

第五条 理事会每月召开一次会议，研究工作，不断总结经验，提高服务质量，并经常汇报工作。

红白理事会职责

一、积极革除陋习，健康生活，让村民从物质上、精神上筑起一道防护网。

二、积极宣传教育村民移风易俗，新事新办，婚丧嫁娶不大操大办。

三、积极倡导村民保持勤俭持家的传统美德，建立文明的家庭生活方式。

四、积极开展礼仪、礼节、礼貌活动，村民树立可敬、可亲、可信、可学的道德模范。

五、积极提倡尊老爱幼，男女平等，夫妻和睦，邻里团结，婚姻自由，反对包办买卖婚姻，反对重男轻女，反对轻率离婚，反对好吃懒做、奢逸败家。

六、积极动员村民遵守《村规民约》，见义勇为，助人为乐，不搞封建迷信活动，不参与邪教组织和其他非法宗教活动。

村民议事会

村民议事会制度

第一条 村民议事会职责由村民会议（村民代表会议）授权，向全体村民负责，向村民会议（村民代表会议）报告工作，接受村民会议、村民代表会议、村务监督委员会的监督。村民小组户主代表会议对村民小组会议负责，接受村民监督。

第二条 讨论决定由村民会议（村民代表会议）授权的涉及全体村民利益的重大问题。

第三条 定期听取村委会的工作报告，提出意见和建议。

第四条 广泛听取和收集群众意见和建议，及时向村党支部、村委会反映村民的意愿和要求。

第五条 支持村务监督委员会监督村民委员会依法管理村集体所有土地、林地、水利设施和其他公共财产，监督村集体财务的收支使用情况。

第六条 支持村民委员会维护生产、生活秩序，搞好本村日常事务管理工作。

第七条 支持村民委员会调解民事纠纷，协调和解决本村村民之间的利益矛盾和问题，促进村民之间的和睦相处。

第八条 大力提倡移风易俗，喜事新办，丧事简办，反对铺张浪费，破除封建迷信，推动农村精神文明建设的健康发展。

村民议事会职责

一、了解、掌握村情民意，收集、整理、调查群众反映的热点、难点问题。

二、参与监督村务公开、财务公开等民主管理情况，参与讨论涉及村民利益的其他事项。

道德评议会

道德评议会制度

第一条 认真贯彻执行《公民道德建设实施纲要》，把法制建设与道德建设，依法治国与以德治国紧密结合起来，逐步形成与社会主义市场经济相适应的社会主义道德体系。

第二条 认真探索新时代道德建设的特点和规律，在内容形式、方法、手段、机制等方面努力改进和创新，把村民思想道德建设提高到一个新水平。

第三条 认真弘扬解放思想、实事求是、与时俱进、勇于创新、知难而进、一往无前、艰苦奋斗、务求实效、淡泊名利、无私奉献的精神，使村民始终充满生机与活力。

第四条 认真把为人民服务作为思想道德的核心，要引导人们正确处理个人与社会，竞争与协作，先富与共富，经济效益与社会效益等关系，提倡尊重人、关心人、理解人，为人民、为社会多做好事。

第五条 认真把爱祖国、爱人民、爱劳动、爱科学、爱社会主义作为公民道德建设的基本要求，鼓励村民做一个好公民。

第六条 认真坚持教育与实践相结合，以活动为载体，开展争做“文明村民”，争当“十星级文明户”，通过层层评议，表彰文明村民，模范带头，做有理想、有道德、有文化、有纪律的村民。

第七条 认真利用各种重要节日，纪念日，举行形式多样的活动，增强对祖国、对家乡、对生活、对自然的热爱，陶冶道德情操。

第八条 认真深入实际，调查研究，了解情况，分析新问题，总结推广新经验，探索道德建设规律，制定规划，完善措施，扎实推进。

道德评议会职责

协助村委会对法律法规管不到、《村规民约》不具约束的各种行为进行道德评议。通过表彰先进、弘扬正气，批评落后，抑制歪风。

禁赌禁毒会

禁赌禁毒会制度

第一条 认真贯彻落实相关部门禁毒禁赌斗争的工作方针、政策，结合辖区实际情况，研究制定禁毒禁赌工作规划方案。

第二条 组织协调辖区禁毒禁赌规划方案的实施，及时督促，检查指导禁毒禁赌工作各项措施落实情况。

第三条 加强宣传教育，提高群众对毒品及赌博危害性、严重性的认识，提高全民禁毒禁赌意识，组织发动群众同毒品、赌博犯罪行为作斗争。

第四条 全面掌握本辖区毒情、赌情，摸清吸毒售人员、赌博人员底数，如有吸毒人员和赌博人员，要组织人员对吸毒、赌博人员进行帮教，定期召开分析会，检查帮教工作，及时掌握被帮教人员戒毒、禁赌动态。

第五条 组织、配合派出所做好吸毒人员定期尿检工作，督促吸毒人员按时参加尿检。

第六条 努力达到新滋生人员逐年减少，贩毒犯罪逐年减少，吸毒人员作案逐年减少，基本有效地遏制毒品蔓延势头。

禁赌禁毒会职责

加强宣传教育，提高群众对毒品及赌博危害性、严重性的认识，提高全民禁赌禁毒意识，组织发动群众同赌博、毒品犯罪行为作斗争。

◉ 主要参考文献

彭阳县党史地方志编纂委员会编:《彭阳县志》，宁夏人民出版社，1996 年。

杨忠主编:《彭阳文学作品集》，宁夏人民出版社，2003 年。

杨宁国主编:《彭阳县文物志》，宁夏人民出版社，2003 年。

彭阳县党史地方志编纂委员会办公室编:《中国共产党彭阳县历史大事记（1926.12—2007.12）》，中共党史出版社，2008 年。

李文斌著:《春秋随笔》，宁夏人民出版社，2008 年。

孙嫱著:《长城塬上长城村——宁夏彭阳县城阳乡长城村白庙组调查报告》，社会科学文献出版社，2010 年。

彭阳县党史地方志编纂委员会编:《彭阳县志》，宁夏人民出版社，2011 年。

郭勤华著:《丝绸重镇——固原》，黄河出版传媒集团阳光出版社，2012 年。

镇原县地方志编纂委员会编:《镇原县志》，方志出版社，2015 年。

彭阳县党史地方志编纂委员会办公室编:《彭阳史地文集（第二辑）》，方志出版社，2015 年。

彭阳县党史地方志编纂委员会办公室编:《彭阳县移民志》，方志出版社，2016 年。

杨宁国著:《彭阳历史文物》，宁夏人民教育出版社，2016 年。

彭阳县党史地方志编纂委员会办公室编:《彭阳古代史料选编》，宁夏人民出版社，2017 年。

彭阳县党史地方志编纂委员会办公室编:《彭阳革命史料选编》，中共党史出版社，2019 年。

中共城阳乡委员会、城阳乡人民政府编:《城阳故事》，中国文史出版社，2019 年。

编后记

2018年11月30日，经层层推荐，中国地方志指导小组办公室（简称中指办）审定，《长城村志》被列入中国名村志文化工程。彭阳县委、县政府主要领导、分管领导高度重视，立即作出指示批示，要求彭阳县党史地方志编纂委员会办公室（简称县史志办）就落实中指办、自治区方志办关于编纂《中国名村志丛书·长城村志》（以下简称《长城村志》）的指示精神，提出具体贯彻意见，向县政府常务会议作专题汇报。会议决定成立长城村志编纂委员会，由县史志办主编、城阳乡配合，启动《长城村志》编纂工作。

2019年1月9日，县史志办、城阳乡政府利用各种媒体发出《关于征集〈长城村志〉编纂资料的启示》。3月初，自治区方志办在银川召开《长城村志》编纂座谈会，听取县史志办关于长城村志编纂工作进展情况及存在困难问题的汇报，对编纂工作进行具体安排，采取以会代训、座谈交流方式，对村志编纂业务知识进行培训。会议明确，自治区和县地方志部门要上下联动，列出工作要求和进度表，工作任务分工到人，时间安排到天，形成合力，边成稿、边修改、边审定，保质保量按期圆满完成工作任务。接着，县史志办组织编纂人员到长城村，深入开展为期半个月的入户询访、调查、拍照、丈量等村志编纂基础工作。遵循名村志规范要求，立足长城村实际，突出“名”“特”原则，拉出《长城村志》编纂目录，报自治区方志办、中指办审核。23日，县史志办在彭阳县城召开《长城村志》编纂框架初审暨资料补充座谈会。邀请长城村籍部分老干部，历任现任村党支书记村委会主任，老乡贤、村民代表参加会议。会议对村志编纂框架进行讨论，对拟收录村志的人物进行推荐初审，订正了很多入编资料，提供了大量需要进一步询访补充的线索。

5月17日，县史志办完成《长城村志（一审稿）》，通过县乡两级评审。根据评审专家意见，编纂人员对志稿进行修改补充完善，形成二审稿。30日，自治区方志办主任贠有强在长城村主持召开《长城村志（二审稿）》评审会。编纂人员充分吸收专家意见和在苏州召开的中国名村志编纂培训会议精神，一边再次修改完善补充资料，一边进行大幅度调整增减内容，力求突出名和特。

7 月 12 日，自治区方志办主任贠有强在银川主持召开《长城村志（终审稿）》评审会。编纂人员根据专家意见，再次进行修改。自治区、县派出村志执行审稿、执行主编专程到中指办报送终审稿修改后的样书，再次听取专家意见。23 日，长城村党支部、村委会对拟入选《长城村志》人物传略、表录栏目的村民进行为期 5 天的公示，广泛征求意见。29 日，完成终审稿样书，送方志出版社进入出版流程。

回首《长城村志》成书过程，特别感谢中国社会科学院专家杨海峰、中指办专家王丹林、自治区方志办专家贠有强、方志出版社专家丛珺。彭阳县委、县政府主要领导和分管领导高度重视村志编纂工作，多次听取工作汇报，作出重要指示批示，协调解决编纂、出版过程中的困难和问题。彭阳县民政局、城阳乡党委政府在资料搜集过程中密切配合、热情支持，大力帮助。彭阳县委常委、城阳乡党委书记刘旭多次到自治区方志办汇报村志编纂进展情况，协商解决编纂工作中的具体问题。因村志编纂，基层人员才有幸与国内学养深厚的方志专家结缘，聆听教诲，学到他们执着坚守、敬业奉献的高尚品德和丰富的理论知识。长城村赵得俭、曹士孝、瓮金鼎、李玉荣及许多热心村民，于百忙中放下手中农活，给编纂人员领路、提供食宿方便、讲述他们知道的人和事、拿出家中老物件供村志编纂人员拍照。摄影人员，牺牲节假日，只为给村志提供精美的照片。除文中署名的摄影作品，其余照片由本书编纂组及虎啸、杨彦彬、贾廷民、虎俭斌等一批照片拍摄者提供。本书是全体编纂人员的集体成果，编纂人员，分章节，责任到人，编纂校核。借此，向所有大力支持、精心指导和热情帮助《长城村志》资料采集、编纂、印刷、出版、发行的领导、专家、学者表示最真诚的感谢。由于编纂人员水平有限，疏漏、错误之处在所难免，诚请广大读者、专家学者提出宝贵意见，帮助我们改进工作。

编　者

2019 年 12 月 6 日

中国名村志丛书

《中洪村志》
《仁里村志》
《青林寺村志》
《魁胆村志》
《黄里村志》
《李家疃村志》
《扬美村志》
《马头溪村志》
《大京村志》
《凌庄子村志》
《古现东村志》
《上岳村志》
《双街村志》
《开弦弓村志》
《乔李村志》
《庙宫村志》
《梁堡村志》
《陶家夼社区志》
《八岔村志》
《高碑店村志》
《陈砦村志》
《东岭村志》
《獐岛村志》
《防川村志》
《王兰庄村志》
《兰英村志》
《麻扎村志》
《堆谷山村志》
《韦小庄村志》
《城畈村（社区）志》
《石塘村志》
《隆里所村志》
《黄瓜山村志》
《三山村志》
《杨湾村志》
《陆巷村志》
《荷花村志》
《新生村志》
《石牌村志》
《尧治河村志》
《党家村志》
《东龙村志》
《官渡社区志》
《九保村志》

《焦庄户村志》
《肇兴村志》
《江东村志》
《宝坪村志》
《沙滩村志》
《鹏城社区志》
《塘尾村志》
《牡丹村志》
《北山社区志》
《万家村志》
《樵岭前村志》
《新城村志》
《井塘村志》
《花园河村志》
《白雾村志》
《花茂村志》
《水峪村志》
《南社村志》
《北崮山村志》
《德夯村志》
《长城村志》
《莲麻坑村志》
《电站村志》
《外三道沟村志》
《双凤村志》